ධාතුවංශය

අපගේ ශාක්‍යමුනීන්ද්‍රවරයන් වහන්සේගේ
ධාතූන් වහන්සේලාගේ පරම්පරා කථාව

පූජ්‍ය කිරිබත්ගොඩ ඤාණානන්ද ස්වාමීන් වහන්සේ

ධාතුවංශය

පූජ්‍ය කිරිබත්ගොඩ ඤාණානන්ද ස්වාමීන් වහන්සේ

© සියලුම හිමිකම් ඇවිරිණි.

ISBN : 978-955-687-041-1

ප්‍රථම මුද්‍රණය : ශ්‍රී බු.ව. 2558 ක් වූ වෙසක් මස පුන් පොහෝ දින

- පරිගණක අකුරු සැකසුම, පිටකවර නිර්මාණය සහ ප්‍රකාශනය -

මහාමේඝ ප්‍රකාශකයෝ

වඩුවාව, යටිගල්ඔළුව, පොල්ගහවෙල.

දුර : 037 2053300, 0773216685

mahameghapublishers@gmail.com | www.mahameghapublishers.com

- මුද්‍රණය -

ලීඩ්ස් ග්‍රැෆික්ස් (පුද්.) සමාගම,

අංක 356 E, පන්නිපිටිය පාර, තලවතුගොඩ.

ධාතුවංශය

අපගේ ශාක්‍යමුනීන්ද්‍රවරයන් වහන්සේගේ
ධාතූන් වහන්සේලාගේ පරම්පරා කථාව

පූජ්‍ය කිරිබත්ගොඩ ඤාණානන්ද ස්වාමීන් වහන්සේ

මහාමේඝ
MAHAMEGHA

ප්‍රකාශනයකි

අපගේ ගුරුදේවයන් වහන්සේ ව වැඩසිට
අපවත් වී වදාළ
අතිපූජනීය දඹගස්ආරේ ශ්‍රී සුමේධංකර
ශ්‍රී කල්‍යාණිවංශ මහා නිකායේ මහානායක මාහිමියන් වහන්සේ

දකුණු ඉන්දීය බ්‍රාහ්මණ වංශික,
මිසදිටු, බෞද්ධ විරෝධී කාලිංග මාඝ විසින් විසි එක් වසරක්
පුරා ශ්‍රී ලංකාද්වීපයෙහි පවත්වන ලද බිහිසුණු පාලනය
හේතුවෙන් අටසිය වසරක් පමණ කලක් වල් බිහි ව,
වනාන්තරගත ව පැවැති

සේරුවිල මංගල මහා චෛත්‍යරාජයා

යළි සොයාගෙන, කටු කොහොල් හරවා, ප්‍රතිසංස්කරණය කොට,
සැදැහැවත් බෞද්ධ ලෝකයාට නැවත වන්දන මානන පුද පූජා
පිණිස වූ දුර්ලභ අවස්ථාව උදා කොට වදාළ අපගේ ගුරුදේවයන්
වහන්සේ ව වැඩ සිට අපවත් වී වදාළ

අතිපූජනීය දඹගස්ආරේ ශ්‍රී සුමේධංකර

ශ්‍රී කල්‍යාණිවංශ මහා නිකායේ මහානායක මාහිමියන්
වහන්සේගේ ශ්‍රී නාමය උදෙසා පුදමි.

එමෙන් ම තිස් වසරක බිහිසුණු ජාතිවාදී ත්‍රස්තවාදයෙන් රට
වෙළී ගිය යුගයක දිවි පරදුවට තබා සේරුවිල මංගල මහා
චෛත්‍යරාජයා රැකගත් අප ගුරුදේවෝත්තම

අතිපූජනීය සේරුවිල ශ්‍රී සරණකිත්ති

ශ්‍රී කල්‍යාණිවංශ මහා නිකායේ අනුනායක මාහිමියන් වහන්සේට
පුදමි.

නමෝ තස්ස භගවතෝ අරහතෝ සම්මාසම්බුද්ධස්ස

ඒ භාග්‍යවත් අරහත් සම්මා සම්බුදුරජාණන් වහන්සේට නමස්කාර වේවා!

ධාතුවංශය

(අපගේ ශාක්‍යමුනීන්ද්‍රවරයන් වහන්සේගේ ධාතූන් වහන්සේලාගේ පරම්පරා කථාව)

1.

තථාගතයන් වහන්සේගේ ලක්දිව වැඩමවීම පිළිබඳ කථාව

සම්බුද්ධමතුලං සුද්ධං
- ධම්මං සංඝං අනුත්තරං
නමස්සිත්තවා පවක්ඛාමි
- ධාතුවංසප්පකාසනං

ලොව කිසිවෙකු හා සමාන නොවූ සම්මා සම්බුදුරජාණන් වහන්සේට ද, සුවිශුද්ධ වූ ශ්‍රී සද්ධර්මයට ද, භාග්‍යවතුන් වහන්සේගේ අනුත්තර වූ ශ්‍රාවක සංඝරත්නයට ද නමස්කාර කොට සර්වඥ ධාතූන්

වහන්සේගේ පරම්පරා කථාව පිළිබඳ ව පවසමි.

තික්ඛත්තුමගමා නාථෝ
- ලංකාදීපං මනෝරමං
සත්තානං හිතමිච්ඡන්තෝ
- සාසනස්ස චිරට්ඨිති

ලෝකනාථයන් වහන්සේ සත්වයන්ගේ හිතසුව පිණිස බුද්ධ ශාසනයේ චිරස්තිථිය පිණිස මනොරම්‍ය වූ ශ්‍රී ලංකාද්වීපයට තුන් වරක් වැඩම කළ සේක.

එහි 'ලෝකනාථයන් වහන්සේ තුන් වරක් වැඩම කළ සේක' යනු අනවරාග්‍ර සංසාරයෙහි පාරමී ධර්මයන් මුහුකුරවා පිළිසරණක් නැති සත්වයන් හට ලෞකික - ලෝකෝත්තර සැප උපදවා දීමේ අර්ථයෙන් ලෝකනාථයන් වහන්සේ වන සේක්, සත්වයන්ට පිළිසරණ දෙන භාග්‍යවතුන් වහන්සේ බුද්ධ, ධම්ම, සංඝ යන ත්‍රිවිධ රත්නය ත්, නිවන් මග ත් වදාරණ සේක්, තුන් වරක් ලක්දිවට වැඩම කළ සේක.

එහි පළමු වැඩමවීමෙහි දී ජය ශ්‍රී මහා බෝ මැඩට පැමිණ නැගෙනහිරට මුහුණලා වැඩහිඳ හිරු බැසයන්නට පෙර ම, මාර බලය නසා රාත්‍රී පළමු යාමයෙහි පුබ්බේ නිවාසානුස්සති ඥානය ලබා, මධ්‍යම යාමයෙහි චුතූපපාත ඥානය ලබා, අවසන් යාමය අවසන්හි හේතු ප්‍රත්‍යය ධර්මයන් පිළිබඳ වූ ඥානයට බැසගෙන, තථාගත දසබල ඥාන, සිව් විශාරද ඥානාදී බුදු ගුණයෙන් යුක්ත ව සර්වඥතා ඥානය ලබා බුදුබවට පත්ව, අනුක්‍රමයෙන් සත්

සතියක් ගත කොට අටවන සතියෙහි අජපාල නුගරුක් සෙවණෙහි වැඩහිඳ, ධර්මයෙහි ගාම්භීරත්වය ප්‍රත්‍යවේක්ෂා කොට, ධර්ම දේශනාවෙහිලා මන්දෝත්සාහී ව වැඩහුන් කල්හී, දසදහස් බ්‍රහ්මරාජයන් පිරිවරා ගත් සහම්පතී මහා බ්‍රහ්මරාජයාගේ ඇරයුමින් බුදු ඇසින් ලොව බලා වදාරණ සේක්, පස්වග භික්ෂූන් වහන්සේලාගේ බොහෝ උපකාර සිහි කොට හුනස්නෙන් නැගිට, බොහෝ දුර ගෙවාගෙන කසී පුරයට වැඩම කොට, ඇසළ පුන් පොහෝ දින අඤ්ඤා කොණ්ඩඤ්ඤයන් වහන්සේ ප්‍රමුඛ දහඅට කෝටියක් බ්‍රහ්මයින් හට අමෘත දහම් රස පානය කරවමින් ධර්ම චක්‍රය මැනැවින් කරකවා පසුව සියළු පස්වග භික්ෂූන් අරහත්වයට පමුණුවා, එදවසෙහි ම රාත්‍රියෙහි යස කුල පුත්‍රයා සෝවාන් ඵලයට පුමුණුවා, දෙවෙනි දිනයෙහි අරහත්වයට පමුණුවා, ඔහුගේ යහළු පිරිවර පනස් හතර දෙනා ත් අරහත්වයට පමුණුවා,

මෙසේ ලෝකයෙහි හැට එක් නමක් රහතන් වහන්සේලා පහළ වූ කල්හී වස් වැස, පවාරණය කොට, 'මහණෙනි, ධර්ම දේශනාව පිණිස චාරිකාවෙහි සැරිසරා යව්' යි ඒ රහතන් වහන්සේලා දිශාවන්හි පිටත් කොට තමන් වහන්සේ උරුවෙල් දනව්වට වඩින සේක්, අතරමග කපු වන ලැහැබෙහිදී තිස් දෙනෙකුගේ පිරිවර වූ භද්දවර්ගීය කුමාරවරුන් හික්මවා, ඒහි භික්ෂු භාවයෙන් පැවිදි කොට, උරුවෙල් දනව්වට වැඩම කොට තුන්දහස් පන්සියයක් පමණ ප්‍රාතිහාර්යයන් දක්වන සේක්, උරුවේල කස්සප ආදී දහස් ජටිල පිරිවරින් යුතු තුන් බෑ ජටිලයන් දමනය කරමින් එහි ම වැඩ විසූ සේක.

පසු කාලයක අංග මගධ රටවාසීහු උරුවේල කස්සප හට මහා දානයක් පිළියෙල කළාහු ය. ලාභ

සත්කාරාශාවෙන් මඩනා ලද සිතින් ඔහු මෙසේ සිතුවේ ය. 'ඉදින් මහා ශ්‍රමණ තෙමේ මේ පිරිස අතර ප්‍රාතිහාර්යයක් පැවෝතින් මාගේ ලාභ සත්කාර පිරිහෙන්නේ ය' යි ඔහුගේ සිතෙහි පැවති අදහස දැනගත් භාග්‍යවතුන් වහන්සේ උදෑසන ම උතුරුකුරු දිවයිනෙන් පිණ්ඩපාත දානය ලැබ, අනෝතත්ත විල් තෙර දී දානය වළඳා සන්ධ්‍යා සමයෙහි දුරුතු පුන් පොහෝ දිනයෙහි ලංකාද්වීපයෙහි යහපත පිණිස ලක්දිවට වැඩම කළ සේක.

ඒ දිවයිනෙහි මහවැලි ගඟ දකුණු පස තුන් යොදුනක් දිගින් යුතු, එක් යොදුනක් පළලින් යුතු වූ, මහානාග නම් වනෝද්‍යානයෙහි රැස් ව සිටි යක්ෂ සේනාවට ඉහළින්, මහියංගණ ස්ථූප රාජයා පිහිටන තැන අහසෙහි ම වැඩ සිටි සේක්, වැසි සුළං සහිත ඝනාන්ධකාරයක් මවා ඔවුන්ට භය ඉපිද වූ සේක. බියෙන් පීඩිත ඔවුහු 'මේ වනාහී කවරෙකුගේ වැඩක් දැ'යි හාත්පස වටපිට බලන්නාහු අහසෙහි වැඩහුන් භාග්‍යවතුන් වහන්සේ දුටුවාහු ය. දැක භාග්‍යවතුන් වහන්සේගෙන් අභය දානය ඉල්ලූහ. භාග්‍යවතුන් වහන්සේ ඔවුන්ට මෙය වදාළ සේක.

"ඉදින් තෙපි බිය නැති බව කැමැත්තහු නම්, මා හට හිඳගන්නට තැනකට අවසර දෙව්" යි. එවිට ඒ සියල්ලෝ ම උන්වහන්සේට වැඩහිඳින්නට තැනක් දුන්නාහු ය. භාග්‍යවතුන් වහන්සේ වැඩහිඳින්නට අවසර ලැබ ඔවුන්ගේ භය දුරු කොට, ඔවුන් විසින් දෙන ලද භූමිභාගයෙහි සම්කඩ (හෙවත් පත්කඩය) අතුරා වැඩහුන් සේක. වැඩහුන් සේක් ම භාග්‍යවතුන් වහන්සේ ඉර්ධියෙන් සම්කඩ පතුරවාලූ සේක. බියෙන් තැතිගත් ඒ යක්ෂයෝ වෙනත් තැනකට යන්නට අසමර්ථ ව හාත්පස මුහුදුතෙර රැස් රැස් ව සිටියාහු ය. එකල්හී ශාස්තෘන් වහන්සේ

ඉර්ධ්‍යානුභාවයෙන් ගිරි දිවයින ගෙන්වා පෙන්නූ සේක. ඔවුන් එහි ගොඩ වූ කල්හී යළි ගිරි දිවයින තිබූ තැන ම තබා පතුරුවා ලූ සම්කඩ හැකිලූ සේක.

එකෙණෙහි ඒ ඒ තැනින් දෙවියෝ රැස් වූවාහු ය. භාග්‍යවතුන් වහන්සේ ඒ දෙව්පිරිසට දහම් දෙසූ සේක. නොයෙක් කෝටි ගණන් ප්‍රාණීන් හට ධර්මාවබෝධය වූයේ ය. සරණ සිල්හි පිහිටි පිරිස අසංඛ්‍ය ගණනින් වූවාහු ය. සුමනකූට පර්වතවාසී මහා සුමන දෙව් තෙමේ සෝවාන් ඵලයට පත් ව, තමන්ට පිදීමට වස්තුවක් භාග්‍යවතුන් වහන්සේගෙන් ඉල්ලුවේ ය. සුමන දෙව්රජු විසින් ඇරයුම් කරන ලද භාග්‍යවතුන් වහන්සේ සිය අතින් තම හිස පිරිමැද කේශධාතූන් වහන්සේලා ගෙන ඔහුට දුන් සේක. එසේ දී වදාරා ලංකාද්වීපය තුන් වරක් පැදකුණු කොට, පිරිත් කොට, ආරක්ෂා සංවිධාන කොට, යළි උරුවෙල් දනව්වට ම පැමිණි සේක.

ඒ සුමන දෙව් තෙමේ ඒ කේශ ධාතූන් වහන්සේලා රන් කරඬුවකින් ගෙන ශාස්තෘන් වහන්සේ වැඩහුන් තැන නොයෙක් රත්නයන්ගෙන් සැරසූ ස්ථූපයක් පිහිටුවා ඉඳුනිල් මැණික් පියනකින් එය වසා, සුවඳින් මලින් පුදමින් වාසය කෙළේ ය. භාග්‍යවතුන් වහන්සේ පිරිනිවන් පා වදාළ කල්හී සාරිපුත්තයන් වහන්සේගේ ශිෂ්‍යවර වූ සරභූ නම් රහතන් වහන්සේ සිය ඉර්ධි බලයෙන් තථාගතයන් වහන්සේගේ ග්‍රීවා ධාතූන් වහන්සේ චිතකයෙන් ගෙන ලක්දිව වැඩම කොට ඒ ඉඳුනිල් මැණික් ස්ථූපයෙහි පිහිටුවා අළු පැහැ ගලින් දොළොස් රියනක් කොට ස්ථූපය කරවා වැඩි සේක. ඉන්පසු දෙවන පෑතිස් නිරිඳුගේ සොහොයුරු වූ චූළාභය නම් කුමරු ඒ අද්භූත චෛත්‍යය දැක අතිශයින් ම පැහැදී ඒ සෑය වසමින්

තිස් රියනක් උසට චෛත්‍යය පිහිටෙව්වේ ය. නැවත දුටුගැමුණු අභය මහරජු ඒ සෑය වසා අසූ රියනක් උසට කඤ්චුක චෛත්‍යයක් කරවූයේ ය.

මහියංගණ ස්ථූපය පිහිටි ආකාරය මෙසේ විස්තර වශයෙන් දත යුත්තේ ය.

බෝධිං පත්වාන සම්බුද්ධෝ
- බෝධිමූලේ නරාසභෝ
නිසීදිත්වාන සත්තාහං
- පාටිහීරං තතෝ අකා

ශ්‍රේෂ්ඨ මනුෂ්‍ය රත්නය වූ සම්බුදු රජුන් වහන්සේ ජය ශ්‍රී මහා බෝ සෙවණෙහි අභිසම්බෝධියට පැමිණ, සත්දිනක් වැඩහිඳ ඉන් නැගිට ප්‍රාතිහාර්යයන් දක් වූ සේක.

තතෝ පුබ්බුත්තරේ යත්වා
- පල්ලංකා ඊසකේ ජිනෝ
අනිමිසේන නෙත්තේන
- සත්තාහං තං උදික්ඛයී

එයින් ඊසාන දිගින් බෝධිමූලයට ස්වල්පයක් එපිටින් වැඩහිඳ අනිමිස ලෝචන පූජාවෙන් ඒ බෝධිය සත් දිනක් බැලූ සේක.

චංකමිත්වාන සත්තාහං
- චක්ඛමේ රතනාමයේ
විචිනිත්වා ජිනෝ ධම්මං
- වරං සෝ රතනාඝරේ

රුවන් සක්මනෙහි සත් දිනක් සක්මන්

කොට, රුවන් ගෙයි වැඩහුන් ඒ ජිනේන්ද්‍රයන් වහන්සේ උතුම් ධර්මය නුවණින් මෙනෙහි කළ සේක.

අජපාලම්හි සත්තාහං
- අනුභෝසි සමාධිජං
රම්මේ ච මුචලින්දස්මිං
- විමුත්තිසුඛමුත්තමං

අජපල් නුගරුක් සෙවණෙහි සත් දිනක් සමාධියෙන් හටගත් සැප වින්ද සේක. රම්‍ය වූ මුචලින්ද රුක් සෙවණෙහි විමුක්ති සැප විඳිමින් සත් දිනක් වැඩහුන් සේක.

රාජායතනමූලම්හි
- සත්තරත්තින්දිවං වසී
දන්තපෝනෝදකං සක්කෝ
- අදාසි සත්ථුනෝ තදා

දිවා රාත්‍රී සතක් රාජායතන මුල ද වැඩහුන් සේක. එකල්හී සක් දෙව් රජු දැහැටි දඬු ද, පැන් ද පිළිගැන්නුවේ ය.

චතූහි ලෝකපාලේහි
- සිලාපත්තං සමාහටං
චතුක්කමේකකං කත්වා
- අධිට්ඨානේන නායකෝ

ලෝකපාලක සතරවරම් දෙව්රජවරුන් විසින් පිළිගන්වන ලද ශෛලමය පාත්‍ර සතර ලෝකනායකයන් වහන්සේ අධිෂ්ඨානයෙන් එකක් කොට,

වාණිජේහි තදා දින්නං
- මන්ථඤ්ච මධුපිණ්ඩිකං
තහිං පන ගහෙත්වාන
- භත්තකිච්චං අකා ජිනෝ

එකල්හී තපුස්ස භල්ලික වෙළඳ දෙබෑයන් විසින් පිළිගන්වන ලද විළඳ හා මී පිඬු ගෙන ජිනේන්ද්‍රයන් වහන්සේ එහි බත්කිස කළ සේක.

ගණ්හිංසු සරණං තස්ස
- තපුස්සභල්ලිකා උභෝ
සරණ අගමුං තේ තං
- සත්ථු දින්නසිරෝරුහා

තපුස්ස භල්ලික දෙදෙන භාග්‍යවතුන් වහන්සේගේ සරණ ලැබගත්හ. ඔවුහු උතුම් සරණ ද, ශාස්තෘන් වහන්සේ විසින් දෙන ලද කේශ ධාතූන් වහන්සේලා ද ගෙන ගියහ.

ගන්ත්වාන තේ සකං රට්ඨං
- ථූපං කත්වා මනෝරමං
නමස්සිංසු ච පූජේසුං
- ද්වේභාතිකෝපාසකා

ඔවුහු කේශ ධාතූන් වහන්සේලා සිය රට ගෙන ගොස් මනෝරම්‍ය වූ ස්ථූපයක් කොට ඒ දෙසොහොයුරු උපාසකයෝ වන්දනා කළාහු ය. පිදුවාහු ය.

ඉති සෝ සත්තසත්තාහං
- වීතිනාමේසි නායකෝ
බ්‍රහ්මුනා යාචිතෝ සත්ථා
- ධම්මචක්කං පවත්තිතුං

මෙසේ ඒ ලෝක නායකයන් වහන්සේ සත් සතිය ගෙවූ සේක. සහම්පතී බ්‍රහ්මරාජයා විසින් අයදින ලද ශාස්තෘන් වහන්සේ ධර්ම චක්‍රය කරකවන්නට,

තතෝ බාරාණසිං ගන්ත්වා
- ධම්මචක්කං පවත්තයි
කොණ්ඩඤ්ඤො දේසිතේ ධම්මේ
- සෝතාපත්තිඵලං ලභි

එයින් බරණැසට වැඩම කොට ධර්ම චක්‍රය ප්‍රවර්තනය කළ සේක. ධර්මය දේශනා කරන කල්හී කොණ්ඩඤ්ඤයන් වහන්සේ සෝවාන් ඵලය ලැබූහ.

බ්‍රහ්මානෝ'ට්ඨාරසකෝටී
- දේවතා ච අසංඛියා
සෝතාපත්තිඵලං පත්තා
- ධම්මචක්කේ පවත්තිතේ

ධර්ම චක්‍රය කරකැවෙන කල්හී දහඅට කෝටියක් බ්‍රහ්මයෝ ද, අසංඛෙය්‍ය ගණන් දෙවියෝ ද සෝවාන් ඵලයට පත්වූවාහු ය.

පත්තෝ පාටිපදේ වප්පෝ
- භද්දියෝ දුතියේ ඵලං
තතියේ ච මහානාමෝ
- අස්සජී ච චතුත්ථියං

පිළිවෙලින් වප්ප භික්ෂුව ද, දෙවනුව භද්දිය භික්ෂුව ද, තෙවනුව මහානාම භික්ෂුව ද, සිව්වැනි ව අස්සජි භික්ෂුව ද මාර්ග ඵලයන්ට පත්වූහ.

තේ සබ්බේ සන්නිපාතෙත්වා
- පඤ්ච'මේ පඤ්චවග්ගියේ
අනන්තසුත්තං දේසෙත්වා
- බෝධියග්ග ඵලේන තේ

ඒ මේ සියළු පස්වග භික්ෂූන් වහන්සේලා කැඳවා අනාත්ම ලක්ෂණ සූත්‍ර දේශනාව වදාරා අග්‍ර වූ අරහත්වයට පත් කළ සේක.

බෝධිං පාපෙත්වා පඤ්චාහේ
- යසත්ථේරාදිකේ ජනේ
තතෝ මග්ගන්තරේ
- තිංසකුමාරේ භද්දවග්ගියේ

පස්වග භික්ෂූන් ද, යස ස්ථවිරයන් ප්‍රධාන පිරිවර ද අරහත්වයට පමුණුවා උරුවෙල් දනව්වට වඩින අතරෙහි භද්ද වග්ගීය කුමාරුවරු ද පැවිදි කොට,

උරුවේලං තතෝ ගන්ත්වා
- උරුවේලායං සඤ්ඤිතං
උරුවේලේනනුඤ්ඤාතෝ
- උරුවේලනාගං දමි

එයින් උරුවෙල් දනව්වට වැඩම කොට උරුවේල නමින් සිටි ජටිලයාගේ

මෙහෙවීමෙන් උරුවේල නාගරාජයා දමනය කළ සේක.

තං තං දමී ජිනෝ නාගං
- දමනේන උරාදිගං
තථාගතං නිමන්තිංසු
- දිස්වා තේ පාටිහාරියං

ජිනේන්ද්‍රයන් වහන්සේ උරුවේල නාගරාජාදීන් දමනය කළ සේක. ඔවුහු ඒ ඒ ප්‍රාතිහාර්යය දැක තථාගතයන් වහන්සේට ආයාචනා කළාහු ය.

ඉධේව වනසණ්ඩස්මිං
- විහාරෙත්වා මහාමුනී
උපට්ඨාහාමසේ සබ්බේ
- නිච්චභත්තේන තං මයං

'මහා මුනීන්ද්‍රයන් වහන්සේ මේ වන ලැහැබෙහි ම වසනු මැනැව. අපි සියල්ලෝ ම ඔබවහන්සේට නිති බතින් උවටැන් කරම්හ.'

උරුවේලකස්සපස්ස
- මහායඤ්ඤේ උපට්ඨිතේ
තස්ස'ත්තනෝ නාගමනේ
- ඉච්ඡාචාරං විජානිය

උරුවේල කස්සප හට මහා දානයක් එළඹ සිටි කල්හී ඔහු තුළ භාග්‍යවතුන් වහන්සේ 'එයට නොවැඩියොත් මැනැවැ' යි යන ආශාව දැන,

උත්තරකුරුතෝ භික්ඛං
- හරිත්වා දිපදුත්තමෝ
අනෝතත්තදහේ භුත්වා
- සායන්හ සමයේ සයං

ද්විපදෝත්තමයන් වහන්සේ උතුරුකුරු දිවයිනෙන් පිණ්ඩපාත දානය ගෙන අනෝතත්ත විල්තෙර දන් වළඳා, තමන් වහන්සේ සවස් වරුවෙහි දී,

බෝධිතෝ නවමේ මාසේ
- ඵුස්සපුණ්ණමියං ජිනෝ
ලංකාදීපං විසෝධේතුං
- ලංකාදීපමුපාගමි

අභිසම්බෝධියෙහි නව වෙනි මාසයෙහි දුරුතු පුන් පොහෝ දා ජිනේන්ද්‍රයන් වහන්සේ ලක්දිව පිරිසිදු කිරීමට ලක්දිවට වැඩි සේක.

යක්ඛේ දමිත්වා සම්බුද්ධෝ
- ධාතුං දත්වාන නායකෝ
ගන්ත්වාන උරුවේලං සෝ
- වසී තත්ථ වනේ ජිනෝ

සම්බුදු වූ ලෝකනායකයන් වහන්සේ යක්ෂයින් දමනය කොට සුමන දෙව්රජුට ධාතු දී ඒ ජිනේන්ද්‍රයන් වහන්සේ උරුවෙල් දනව්වට වැඩම කොට එහි වනයෙහි විසූ සේක.

පළමු වැඩමවීම පිළිබඳ කථාව සමාප්තයි.

මෙදිවන වැඩමවීමෙහි වනාහී,

අභිසම්බුද්ධත්වයෙන් පස්වන වසරෙහි දෙව්රම් මහ වෙහෙරෙහි වසන සේක්, චූළෝදර - මහෝදර නම් මව් පාක්ෂික සහෝදර නා රජවරු දෙදෙනා මැණික් පුටුවක් නිසා යුද්ධයකට එළඹ සිටිනු දැක, තමන් වහන්සේ පාත්‍රය හා සිවුරු ගෙන බක් මස පුන් පොහෝ දා ඔවුන්ගේ යුද භූමියට ඉහළින් අහසෙහි වැඩහිඳින සේක්, ඝනාන්ධකාරයක් මැවූ සේක. අඳුරෙන් පීඩිත ඔවුන් අස්වසා ආලෝකය දක්වා තමන් වහන්සේගේ සරණ සෙවූ ඔවුන් හට සමගිය ඇති කරනු පිණිස එලබර රුකක් සොලවන සෙයින් දහම් දෙසූ සේක. ඒ නා රජවරු දෙදෙනා ත්, ධර්මය කෙරෙහි පැහැදී ඒ මැණික් පළඟ ත් තථාගතයන් වහන්සේට පූජා කළහ. ඒ පළඟෙහි වැඩහුන් භාග්‍යවතුන් වහන්සේ දිව්‍ය වූ ආහාර පානාදිය වළඳා අනුමෝදනා බණ වදාරා, අසූ කෝටියක් නාගයින් සරණයෙහි ද, සීලයෙහි ද පිහිටවූ සේක. ඒ පිරිසෙහි සිටි මහෝදර නා රජුගේ මාමණ්ඩිය වූ මණිඅක්ඛික නම් නාගරාජයා නැවත කැලණි ප්‍රදේශයට වඩින මෙන් භාග්‍යවතුන් වහන්සේට ඇරයුම් කෙළේ ය. භාග්‍යවතුන් වහන්සේ නිශ්ශබ්ද ව එම ඇරයුම පිළිගෙන ජේතවනයට ම වැඩි සේක.

ඒවඤ්හි සො නාගදීපං උපේතෝ
මාරාභිභූ සබ්බවිදූ සුමේධො
දමෙත්ව නාගේ කරුණායුපේතෝ
ගන්ත්වා වසී ජේතවනේ මුනින්දෝ

මේ අයුරින් මරසෙන් මැඬලූ, සියල්ල දත්, සොඳුරු ප්‍රඥා ඇති, ඒ මුනීන්ද්‍රයන් වහන්සේ නාගදීපයට වැඩම කොට මහා කරුණාවෙන් නාගයින් දමනය කොට ජේතවනයට වැඩම කොට විසූ සේක.

දෙවෙනි වැඩමවීම පිළිබඳ කථාව සමාප්තයි.

තුන්වෙනි වැඩමවීමෙහි වනාහී,

අභිසම්බෝධියෙහි අටවන වසරෙහි භාග්‍යවතුන් වහන්සේ දෙව්රම් මහවෙහෙරෙහි වැඩවසන සේක්, 'මාගේ පිරිනිවන් පෑමෙන් පසු තම්බපණ්ණි ද්වීපයෙහි ශාසනය පිහිටන්නේ ය. ඒ දිවයින බොහෝ භික්ෂු, භික්ෂුණීන්, උපාසක, උපාසිකාදී ආර්ය ශ්‍රාවකයන්ගේ ගැවසීමෙන් කසාවතින් බැබළීම වන්නේ ය. මාගේ සිව් දළදාවන් අතුරෙන් එක් දළදාවක් ද, දකුණු අකු ධාතුව ද, නළල් ධාතුව ද, රාමගම්වාසීන්ට ලැබුණු එක් ද්‍රෝණයක ධාතු කොටස ද, අන්‍ය වූ බොහෝ ශාරීරික ධාතු ද, කේශ ධාතු ද ඒ දිවයිනෙහි ම පිහිටන්නාහු ය. නොයෙක් දහස් ගණන් සංඝාරාමයන් ද, බුද්ධ ධම්ම සංඝ යන රත්නත්‍රයෙහි පිහිටි ශ්‍රද්ධා ඇති මහා ජනකායක් වන්නාහු ය. ඒ ලක්දිවට ගොස් එහි සමාපත්තියට සමවැදී සිට පැමිණෙන්නට වටී' යි සිතා ආනන්දයන් වහන්සේ ඇමතූ සේක.

"ආනන්දයෙනි, සිව්පිළිසිඹියා පත් මහරහත් භික්ෂූන් පන්සිය නමකට දැනුම් දෙව. අප සමඟ යා යුත්තේ ය."

ආනන්දයන් වහන්සේ කිඹුල්වතෙහි හා කෝලිය පුරයෙහි සිටි පන්සියයක් මහරහත් භික්ෂූන්ට දැනුම් දුන්නාහු ය. ඒ පණිවිඩය ලත් පන්සියයක් රහත් භික්ෂූහු පාත්‍රා හා සිවුරු සහිත ව ශාස්තෘන් වහන්සේට වන්දනා කොට ඇඳිලි බැඳ නමස්කාර කරමින් සිටගත්තාහු ය.

ශාස්තෘන් වහන්සේගේ සලලාගාර නම් ගන්ධ කුටියට නුදුරෙන් රතු සුදු සියපත්, දහස්පත් නෙළුම්, නිල්මහනෙල්, කුමුදු ආදී සුවඳ හමන ජලජ පුෂ්පයන් ගෙන් සෝභමාන වූ, කවුඩන්ට ද පානය කළ හැකි තරමට පිරී ගිය ජලය ඇත්තා වූ, සිහිල් මියුරු දිය ඇත්තා වූ, පිපුණු මලින් ඵලින් බර වූ, සල් සපු දුනුකේ ආශෝකාදී නොයෙක් විචිත්‍ර වූ රුක් පෙළින් සුන්දර වූ, මැනැවින් සරසන ලද භූමිභාගයකට සොඳුරු පියගැටපෙළ සහිත අතිරමණීය පොකුණක් ඇත්තේ ය. එහි අධිගෘහිත ව සිටින සුමන නම් නා රජු දහසය දහසක් පමණ නාග මානවිකාවන් පිරිවරා මහත් සිරි සැප අනුභව කරන්නේ රූප ශෝභාවෙන් අගපත් තථාගතයන් වහන්සේගේ රුව බලා මහත් සැප සතුටක් විඳිමින් සිය මව් ඉන්දා නාගමානවිකාව ගුරු තන්හි තබා ඇයට උපස්ථාන කරමින් ඒ පොකුණෙහි ම වාසය කරයි. ශාස්තෘන් වහන්සේ ත් සිය වැඩමවීම සංවිධානය කරන අතරෙහි නුදුරෙහි සිටි සුමන නා රජු අමතා පිරිවර සහිත ව පැමිණෙන්නැයි වදාළ සේක. ඒ සුමන නා රජ තෙමේ 'යහපති' යි පිළිවදන් දී සය කෝටියක් පමණ වූ තම පිරිවර ගෙන, හිරුරැස් වළකණු පිණිස මැනැවින් පිපී ගිය මල් ඇති සපු රුකක් තථාගතයන් වහන්සේට කුඩයක් කොට ගත්තේ ය. ඉක්බිති භාග්‍යවතුන් වහන්සේ හිරු රැස් වැදී ගිය රන් පර්වතයක් සෙයින් බබලමින් සිය පාත්‍රය හා සිවුර ගෙන අහසට පැන නැගී සේක. ශාස්තෘන් වහන්සේ පිරිවරා සිටි

ඒ පන්සියයක් මහරහතන් වහන්සේලා ත් තම තමන්ගේ පා සිවුරු ගෙන අහසට පැන නැගී ශාස්තෲන් වහන්සේ පිරිවරා ගත්හ. පන්සියයක් රහත් භික්ෂූහු පිරිවරා ගත් ශාස්තෲන් වහන්සේ වෙසක් පුන් පොහෝ දා කැලණියට වැඩම කොට මහානීය වූ මණ්ඩපයක් මැද පණවන ලද උතුම් බුද්ධාසනයෙහි පන්සියයක් රහත් භික්ෂූන් පිරිවරා වැඩහුන් සේක.

එකල්හී මණිඅක්ඛික නම් නාගරාජ තෙමේ බුදුරජුන් ප්‍රමුඛ භික්ෂු සංඝයාට නොයෙක් දිව්‍ය වූ ආහාර පානාදියෙන් උපස්ථාන කොට එකත්පස් ව හුන්නේ ය. ශාස්තෲන් වහන්සේ ඔහුට භුක්තානුමෝදනා බණ වදාරා සමන්කුල මුදුනෙහි ශ්‍රී පාද ලාඤ්ඡනය දක්වා වදාරා ඒ පර්වත පාමුලෙහි නොයෙක් රුකින් ගැවසී ගත් භූමි පෙදෙසක වැඩහුන් සේක. දිවා කල් ගෙවා එයින් නැගිට දීඝවාපී චෛත්‍යරාජයා පිහිටන තැන සමවතට සමවැදුණු සේක. එවේලෙහි දිය සීමා කොට ගත් මහපොළොව සිය දහස් වර කම්පා වූයේ ය. එහිදී භාග්‍යවතුන් වහන්සේ එම බිම රකිනු පිණිස මහාසේන නම් දිව්‍යපුත්‍රයා නවත්වා එතැනින් නැගිට රුවන්මැලි මහා සෑය පිහිටන තැනට වැඩම කොට එහි ම සමවතට සමවැදුණු සේක. මහපොළොව පෙර පරිදි ම කම්පා වූයේ ය. එහිදී ද විසාලරූප නම් දිව්‍යපුත්‍රයා ව සෑ බිම රැකවරණයට තබා, එයින් නැගිට ථූපාරාම චෛත්‍යය පිහිටන තැනට වැඩම කොට නිරෝධ සමාපත්තියට සමවැදුණු සේක. මහපොළොව පෙර පරිදි ම කම්පා වූයේ ය. එහිදී ද පෘථිවිපාල නම් දිව්‍යපුත්‍රයා ආරක්ෂාවට නවතා එයින් නැගිට මිරිසවැටිය චෛත්‍යය පිහිටන තැනට වැඩම කොට පන්සියයක් භික්ෂූන් සමඟ සමවතට සමවැදුණු

සේක. මහපොළොව පෙර පරිදි ම කම්පා වූයේ ය. එතැන ආරක්ෂාවට ඉන්දක දිව්‍ය පුත්‍රයා තැබූ සේක. එයින් නැගිට කතරගම චෛත්‍යය පිහිටන තැනට වැඩම කොට එහි ද සමවතට සමවැදුණු සේක. මහ පොළොව පෙර පරිදි ම කම්පා වූයේ ය. එතැන ආරක්ෂාව ගැනීමට මහාඝෝෂ දිව්‍යපුත්‍රයාට පැවරූ සේක. එයින් නැගිට තිස්ස මහා විහාර චෛත්‍යය පිහිටන තැනට වැඩම කොට එහිදී ත් සමවතට සමවැදුණු සේක. මහ පොළොව පෙර සෙයින් කම්පා වූයේ ය. එහි ආරක්ෂාව මණිමේඛලා නම් දෙව්දුවට පවරා එතැනින් නාග මහා විහාර චෛත්‍යය පිහිටන තැනට වැඩම කොට එසෙයින් ම සමවතට සමවැදුණු සේක. මහ පොළොව පෙර සෙයින් ම කම්පා වූයේ ය. එහිදී ත් මහින්ද නම් දිව්‍යපුත්‍රයෙකු රැකවල් පිණිස තැබූ සේක. එයින් නැගිට මහවැලි ගඟට දකුණු ඉවුරු දිශාවෙහි සේරු නම් විල කෙළවරෙහි වරාහ නම් ගල් පොකුණ පිහිටි භූමියෙහි අති මනහර ලෙසින් දිය බුබුලක් සේ කෛලාශකූට පර්වතය සේ චෛත්‍යයක් පිහිටන්නේ යැයි පන්සියයක් රහතන් වහන්සේලා සමඟ නිරෝධ සමාපත්තියට සමවැදුණු සේක. එකෙණෙහි ඝනකඩ මහා පොළෝ තලය කරකැවෙන කුඹල්සකක් සෙයින්, මද වැගිරෙන්නා වූ මහා හස්තිරාජයෙකුගේ කුඤ්චනාදයක් සෙයින්, උක් අඹරන යන්ත්‍රමුඛ ශබ්දයක් සෙයින් සියවර දහස්වර නාද නංවමින් සොම්නස් වූ කලෙක මෙන් සකල ලංකාද්වීපය නින්නාද කරවමින් කම්පා වූයේ ය. ඒ සමාපත්තියෙන් නැගිට සුමන නා රජු අත්හි තිබූ සපු රැකෙන් සපු මල් ගෙන එතැනට පූජා කොට නැවත නැවත නා රජු දෙස බැලූ සේක. ඒ නා රජු ශාස්තෲන් වහන්සේ වන්දනා කොට,

"ස්වාමීනී, මා විසින් කුමක් කළ යුත්තේ දැ"යි විමසුවේ ය. "මෙම ස්ථානය ආරක්ෂා කරව" යි වදාළ සේක. ඔහු එය අසා,

"ස්වාමීනී, නුඹ වහන්සේගේ සලලාගාර ගන්ධකුටිය ආරක්ෂා කරන්නා වූ මා හට අසූවක් අනුව්‍යංජනයෙන් හා බ්‍යාම ප්‍රභාවෙන් ද, දෙතිසක් මහා පුරිස ලකුණෙන් ද, විසිතුරු වූ රූප සෝභාවෙන් අගපත් තථාගතයන්ගේ දස්සනානුත්තරිය ලැබෙන්නේ ය. රත්ගල්තලායෙහි නද දෙන මහා සිංහරාජයෙකුගේ ගර්ජනාවක් සෙයින්, අහස පුරා වසින මහා වැස්සක් සෙයින්, ගලා බස්නා අහස් ගඟ සෙයින්, රුවන් මාලාවක් ගොතන සෙයින් අට්ඨංග සමන්නාගත වූ අතිමියුරු බඹසර විහිදුවා අනේක විචිත්‍ර වූ ධර්ම කථාව වදාරණ කල්හී සසර සයුරෙන් එතෙර කරවීමෙහි සමත් මියුරු දම් දෙසුම් අසන විට සවණානුත්තරිය ලැබෙන්නේ ය. නුවණින් මුදුන් පත් සාරිපුත්තයන් වහන්සේ, ඉර්ධියෙන් මුදුන් පත් මහා මොග්ගල්ලානයන් වහන්සේ ආදී අසූ මහා ශ්‍රාවකයන් වහන්සේලා දකින්නට ලැබෙන්නේ ය. මා හට එහි ම වාසය කිරීම රුචි ය. නුඹවහන්සේගෙන් වෙන් ව, තොර ව වාසය කරන්නට නොහැක්කෙමි."

භාග්‍යවතුන් වහන්සේ ඔහුගේ කථාව අසා "නාගරාජයෙනි, මෙම ප්‍රදේශය තොප විසින් බොහෝ කලක් වසන ලද්දකි. කකුසන්ධ භාග්‍යවතුන් වහන්සේගේ ධාතූන් වහන්සේලා මේ ස්ථානයෙහි ම පිහිටියාහු ය. එසමයෙහි තොප ම 'වරනිද්ද' නම් නා රජෙක් වී ඒ ධාතූන් වහන්සේලා රැකගෙන සුවඳ මල් ආදියෙන් පූජා පවත්වමින් බොහෝ කල් වාසය කෙළේ ය.

නැවත කෝණාගමණ භාග්‍යවතුන් වහන්සේගේ ධාතූන් වහන්සේලා මේ ස්ථානයෙහි ම පිහිටියාහු ය.

එසමයෙහි තොප ම 'ජයසේන' නම් දිව්‍යපුත්‍රයෙක් වී ඒ ධාතූන් වහන්සේලා රැකගෙන සුවඳ මල් ආදියෙන් පූජා පවත්වමින් බොහෝ කල් වාසය කෙළේ ය.

නැවත කාශ්‍යප භාග්‍යවතුන් වහන්සේගේ ධාතූන් වහන්සේලා මේ ස්ථානයෙහි ම පිහිටියාහු ය. එසමයෙහි තොප ම 'දීඝසාල' නම් නා රජෙක් වී ඒ ධාතූන් වහන්සේලා රැකගෙන සුවඳ මල් ආදියෙන් පූජා පවත්වමින් වාසය කෙළේ ය.

මාගේ පිරිනිවීමෙන් පසු කාවන්තිස්ස නම් මහරජු මාගේ ලලාට ධාතුව මෙතැන ම පිහිටුවන්නේ ය. එහෙයින් තෙපි මෙතැන මැනැවින් රැකවල් ලව්" යි වදාරා පන්සිල්හි පිහිටුවා පන්සියයක් රහත් භික්ෂූන් වහන්සේලා සමඟ චෛත්‍යය පිහිටන තැන පැදකුණු කොට "තෙපි අප්‍රමාදී ව වසව්" යි වදාරා අහසට පැන නැඟී ජේතවනයට ම වැඩි සේක.

ඒ සුමන නා රජුගේ මව් වූ ඉන්දා නම් නා මෙනෙවිය තථාගතයන් වහන්සේ වැඳ එකත්පස් ව සිට, "ස්වාමීනී, මාගේ පුත්‍ර වූ සුමන නම් නා රජු කොහිදැ" යි ඇසුවා ය.

"තොපගේ පුත්‍ර තෙමේ තම්බපණ්ණි ද්වීපයෙහි මහවැලි ගඟෙහි දකුණු ඉවුරු දෙස, සේරු නම් විල අසබඩ වරාහ නම් ගල් පොකුණ අසල මාගේ ලලාට ධාතු පිහිටන තැන සය කෝටියක නා පිරිවර හා රැකවල් ගෙන සිටියි. එකල්හී ඉන්දා නා මෙනෙවිය සය කෝටියක් පමණ නා පිරිවර ගෙන ශාස්තෘන් වහන්සේ වන්දනා කොට "ස්වාමීනී, මෙතැන් පටන් නුඹවහන්සේගේ දැක්ම අපට දුර්ලභ වන්නේ ය. මා හට කමා කොට වදාළ

මැනැවැ" යි කමා කරවා ගෙන සිය පුතු වූ සුමන නා රජු වෙත ගොස් මහත් ඉසුරු සැප අනුභව කරමින් එහිම රැකවල් ගෙන බොහෝ කලක් වාසය කළාය.

මහාපඤ්ඤෝ මහාසද්ධෝ
- මහාවීරෝ මහාඉසි
මහාබලේන සම්පන්නෝ
- මහන්තගුණභූසිතෝ

මහා ප්‍රඥා ඇති, මහා ශ්‍රද්ධා ඇති, මහා වීරිය ඇති, මහා ඉර්ෂි වූ, මහා බලයෙන් යුක්ත වූ, මහත් ගුණයෙන් බබලන්නා වූ,

ගන්ත්වාන තම්බපණ්ණිං සෝ
- සත්තානුද්දයමානසෝ
ගන්ත්වා නාගවරං දීපං
- අගා ජේතවනං විදූ

ඒ නුවණැති බුදුරජාණෝ සත්වයන් කෙරෙහි දයාබර සිතින් තම්බපණ්ණියට වැඩම කොට, උතුම් නාග දිවයිනට වැඩම කොට, ජේතවනයට වැඩි සේක.

අතිසයමතිසාරෝ
- සාරදානං කරොන්තෝ
අතිඅධිරමණීයෝ
- සබ්බලොකේකනෙත්තෝ
අතිගුණධරණීයෝ
- සබ්බසත්තේ තමග්ගං
අතිවිපුලදයෝ තානේතුමාගා සුදීපං

අතිශයින් ම උත්තම සාරය වූ, අමා නිවන් සාරය දෙන්නා වූ, සකල ලෝකය

දකිනා අතිශයින් ම රමණීය, එක ම ඇස වූ, අතිශයින් ම ගුණ දරන්නා වූ, සියළු සත්වයන්ට අග්‍ර වූ, මහත් දයානුකම්පා ඇති ශාස්තෘන් වහන්සේ ඒ සොඳුරු දිවයිනට වැඩි සේක.

තුන්වෙනි වැඩමවීම පිළිබඳ කථාව සමාප්තයි.

මෙසේ ආර්ය ජනප්‍රසාදය පිණිස කරන ලද
ධාතුවංශයෙහි තථාගතයන් වහන්සේගේ වැඩම වීම නම්
පළමු පරිච්ඡේදය නිමා විය.

2.

තථාගත පරිනිර්වාණය පිළිබඳ කථාව

ශාස්තෘන් වහන්සේ අභිසම්බෝධියෙන් පසු සතළිස් පස් වසරක් පුරා ත්‍රිපිටක පර්යාප්ති ධර්මය දේශනා කොට, සිව් ආර්ය මාර්ගඵල ලබාදීම් වශයෙන් දහමෙහි හික්මවිය යුතු ජනයා සසර සයුරෙන් ගොඩ නගා, නිවන් දූපතෙහි පිහිටුවා අවසන් භාගයෙහි විසල්පුර ඇසුරු කොට, චාපාල චෛත්‍යස්ථානය ඇසුරු කොට වසන සේක්, පිරිනිවන් පෑම පිණිස මාරයා විසින් ඇරයුම් කරන ලදුව, සිහියෙන් හා නුවණින් යුක්ත ව, ආයුසංස්කාරය අත්හළ සේක. උන්වහන්සේගේ ආයුසංස්කාර අත්හැරීම ගැන ආනන්දයන් වහන්සේ පමණක් දැනසිටියාහු ය. එය දැනගත් අන්කිසිවෙක් නම් නැත්තේ ය. එහෙයින් භික්ෂු සංඝයාට ද දැනුම් දෙන්නෙමි යි ජේතවන මහවෙහෙරට වැඩම කොට සියළු භික්ෂු සංඝයා රැස් කරවා

"මහණෙනි, නොබෝ කලකින් තුන් මසක් ඇවෑමෙන් තථාගතයන්ගේ පරිනිර්වාණය වන්නේ ය. තෙපි සත් තිස් බෝධිපාක්ෂික ධර්මයන් තුළ සමගි ව එක්වන් ව වසව්. තෙපි වාදවිවාද නොකරව්. අප්‍රමාදී ව

සීල සමාධි ප්‍රඥා යන ත්‍රිවිධ ශික්ෂාවෙහි හික්මී වසව්” යි වදාරා දෙවෙනි දවසෙහි විසල් පුරයෙහි පිඬු පිණිස හැසිර, පෙරලා වැඩම කොට භණ්ඩගමට වැඩි සේක. භණ්ඩගමින් හත්පීගමට ද, හත්පීගමින් අම්බගමට ද, අම්බගමින් ජම්බුගමට ද, ජම්බුගමින් නිග්‍රෝධ ගමට ද, නිග්‍රෝධ ගමින් භෝග නගරයට ද, භෝග නගරයෙන් පාවා නුවරට ද, පාවා නුවරින් කුසිනාරාවට වැඩම කළ සේක. එහි සල් රුක් දෙක අතර වැඩ සිට ආනන්දයන් වහන්සේ අමතා “උතුරට හිසලා ඇඳක් පණවන්න. ආනන්දයෙනි, ක්ලාන්ත වෙමි. සැතැපෙන්නෙමි” යි වදාළ සේක. ආනන්දයන් වහන්සේ එය අසා උතුරට හිසලා ඇඳක් පණවා දෙපට සිවුර සතරට නවා ඇතිරූහ. පන්සාළිස් වසක් නොසැතපුණු බුද්ධ සෙය්‍යාවෙන් සැතැපෙන සේක් දකුණැලයට හැරී සිහියෙන් හා නුවණින් යුතුව යළි නොනැගිටින සංඥාව මෙනෙහි කොට සිංහ සෙය්‍යාවෙන් සැතැපුණු සේක.

අතීතමද්ධාන භවේ චරන්තෝ
අනන්තසත්තේ කරුණායුපේතෝ
කත්වාන පුඤ්ඤානි අනප්පකානි
පත්තෝ සිවං ලෝකහිතාය නාථෝ

ලෝකනාථයන් වහන්සේ අතීත භවයන්හි සැරිසරන සේක්, අනන්ත සත්වයන් කෙරෙහි කරුණාව උපදවා, අප්‍රමාණ පින් කොට, ලොව හිත පිණිස නිවන ලැබූ සේක.

ඒවං හි සෝ දසබලෝපි විහීනථාමෝ
යමස්ස සාලාන නිපජ්ජි මජ්කෙධ්

කත්වාන සඤ්ඤඤ්හි අනුට්ඨහානං
ස ඉද්ධිමා මාරමුඛං පවිට්ඨෝ

මෙසේ ඒ දසබලයන් වහන්සේ අත්නොහළ වීර්යයෙන් යුතුව සල් රුක් දෙක සෙවණෙහි සැතැපුණු සේක. ඒ ඉර්ධිමතුන් වහන්සේ යළි නොනැගිටින සංඥාව ඇතිකොට ගෙන මරුමුඛයට පිවිසි සේක.

එකෙණෙහි උභය සාල වෘක්ෂයෝ මලින් සුපිපී ගියාහු ය. හුදෙක් සල් රුක් දෙකෙහි පමණක් මල් පිපුණේ නොවෙයි. දස දහස් ලෝක ධාතුවෙන් යුතු සක්වලෙහි හැම සල්රුක්හි මල් පිපී ගියේ ය. සල් රුක්වල පමණක් මල් පිපුණේ නොවෙයි. මල් එල හටගන්නා යම්තාක් රුක් වෙයි ද, ඒ සියළු රුක්හි මල් එල හටගත්තේ ය. ජලයෙහි දිය පියුම්, ගොඩෙහි ගොඩ පියුම්, කඳෙහි කඳ පියුම්, අතුවල අතුපියුම්, වැල්වල වැල් පියුම්, අහසෙහි එල්ලෙන් පියුම්, ගල් පලාගෙන සියපත් පියුම් පිපී ගියේ ය. පොළොවෙහි සිට බඹලොව දක්වා දස දහස් සක්වල එකම මල් ගුලාවක් බඳු විය. දෙවියෝ අහසින් දිව්‍ය මදාරා, පරසතු, කොබෝලීල මල් ද, සඳුන් කුඩු ද විසිරුවත්. දිව්‍ය තූර්යවාදන, සංගීත නාද අහසෙහි පැතිර යයි. නොයෙක් දහස් ගණන් ආශ්චර්යයෝ වූහ. මේ අයුරින් විශේෂ පූජාවන් පැවැත්වෙන කල්හී රාත්‍රී ප්‍රථම යාමයෙහි සුභද්‍ර පරිබ්‍රාජක දමනය කොට වදාරා, මධ්‍යම යාමයෙහි දස දහස් ලෝක ධාතුවෙහි දෙවියන් හට අනුශාසනා කොට අවසන් යාමය අවසානයෙහි පළමු ධ්‍යානයට සමවැදී, එයින් නැගිට දෙවෙනි සිව්වැනි ධ්‍යානයන්ට සමවැදුණු සේක. එයින් නැගිට ආකාසානඤ්චායතනය, විඤ්ඤාණඤ්චායතනය, ආකිඤ්චඤ්ඤායතනය,

නේවසඤ්ඤානාසඤ්ඤායතනයට සමවැදී එයින් නැගිට නිරෝධ සමාපත්තියට සමවැදුණු සේක. එයින් නැගිට පළමු, දෙවෙනි, තුන්වෙනි, සිව්වෙනි, ධ්‍යානයන්ට සමවැදුණු සේක. එයින් නැගිටි සැණින් අනුපාදිශේෂ පරිනිර්වාණ ධාතුවෙන් පිරිනිවන් පෑ සේක.

මහාමෝහතමං හන්ත්වා
- සත්තානං හදයස්සිතං
රවීව ජෝතමානෝ සෝ
- ලෝකස්ස අනුකම්පකෝ
වස්සානි පඤ්චතාලීසං
- කත්වා සත්තහිතං බහුං
අධුනා අග්ගික්ඛන්ධෝව
- පරිනිබ්බායී සෝ ජිනෝ

සත්වයන්ගේ හදවත ඇසුරු කොට පැවැති මහා මෝහය නැමැති අන්ධකාරය නසා හිරු මඬලක් සෙයින් බබලන ඒ ලෝකානුකම්පකයාණෝ පන්සාළිස් වසරක් සත්වයන් හට බොහෝ යහපත සළසා, ඒ ජිනේන්ද්‍රයන් වහන්සේ ගිනි කඳක් නිවී යන සෙයින් පිරිනිවි සේක.

මෙසේ භාග්‍යවතුන් වහන්සේ පිරිනිවන් පා වදාළ කල්හී විශ්වකර්ම දිව්‍යපුත්‍ර තෙමේ තථාගතයන් වහන්සේගේ සිරුර ප්‍රමාණයට උතුම් රන් දෙණක් මවා, පිරිසිදු කපු පිළියෙන් තථාගත සිරුර වෙළා, රන් දෙණෙහි තැන්පත් කොට සුවඳ තෙල් පුරවා, වෙනත් රන් පියනකින් වසා, සියළු සුවඳ දරින් චිතකයක් කළාහු ය. බොහෝ සෙයින් දෙවිවරු රත්සඳුන් ගැට ගෙන දර සෑයට දමා

ගිනි දැල්වීමට නොහැකි කළාහු ය. ඒ මක් නිසා ද යත්; මහා කස්සප තෙරුන් වහන්සේ තවම වැඩම නොකළ නිසාවෙනි. ඒ ආයුෂ්මත් මහා කස්සපයන් වහන්සේ බොහෝ සෙයින් බොහෝ දෙවියන් හට ප්‍රිය වෙති. මනාප වෙති. මහා කස්සපයන් වහන්සේට දන් පුදා දෙවියන් අතර උපන්නවුන්ගේ ගණනෙහි ප්‍රමාණයක් නැත්තේ ය. එහෙයින් දෙවිවරු ඒ පිරිස අතර තමන්ගේ කුලූපග තෙරුන් වහන්සේ නොදැක, 'අපගේ මහා කස්සපයන් වහන්සේ කොහි සිටින සේක් ද' යි බලන්නාහු සිය පිරිවර පන්සියයක් පමණ භික්ෂූන් සමඟ කුසිනාරා මගට පිළිපන් සේක් බව දැන තෙරුන් වහන්සේ මෙහි නොවඩින තාක් චිතකය නොදැල්වේවා' යි අධිෂ්ඨාන කළාහු ය. එකල්හී තෙරුන් වහන්සේ බොහෝ සෙයින් දහතුනක් ධුතාංගයන් සමාදන්ව සිටින පන්සියයක් පමණ භික්ෂූන් සමඟ වැඩම කොට, චිතකය තුන් වරක් පැදකුණු කොට භාග්‍යවතුන් වහන්සේගේ සිරිපතුල් පිහිටි පෙදෙසෙහි සිටගත් සේක.

"ස්වාමීනී, නුඹවහන්සේ දකිනු පිණිස මෙයින් කල්ප ලක්ෂයකට පෙර පියුමතුරා නම් ශාස්තෘන් වහන්සේගේ පාදමූලයෙහි විවරණ ලද තැන් පටන් නුඹවහන්සේ අත් නොහැර පැමිණියෙමි. දැන් මාගේ අවසාන දැක්ම වෙයි" යි ශ්‍රී පාදයන් ගෙන වඳින්නට අදිටන් කළ සේක.

මහාකස්සපථේරෝ සෝ
- භික්ඛුසංඝපුරක්ඛතෝ
ඒකංසං චීවරං කත්වා
- පග්ගහෙත්වාන අඤ්ජලිං

ඒ මහා කස්සප තෙරුන් වහන්සේ භික්ෂු සංඝයා පෙරටු කොට ගෙන සිවුර ඒකාංශ කොට ඇඳිලි බැඳ වන්දනා කොට,

පදක්ඛිණඤ්ච තික්ඛත්තුං
- කත්වා ඨත්වා පදන්තිකේ
පතිට්ඨහන්තු සීසේ මේ
- ජිනපාදේති'ධිට්ඨහි

තුන් වටයක් පැදකුණු කොට භාග්‍යවතුන් වහන්සේගේ පතුල් පිහිටි තැන සිට 'ජිනයන් වහන්සේගේ ශ්‍රී පාදයෝ මාගේ සිරස මත පිහිටන සේක්වා' යි අදිටන් කළ සේක.

සහාධිට්ඨානං චිතකා
- දුස්සානි ච විභින්දිය
නික්ඛමිංසු තදා පාදා
- ඝනමුත්තෝව චන්දිමා

ඒ අධිෂ්ඨානය කළ සැණින් චිතකයෙහි රන් දෙණ හා කපු පිළී බිඳගෙන වළා ගැබින් නික්මෙන සඳක් සෙයින් ශ්‍රී පාදයෝ නික්මුණාහු ය.

උභෝ හත්ථේහි පග්ගය්හ
- ඨපෙත්වා අත්තනෝ සිරේ
වන්දිත්වා සත්ථුනෝ පාදේ
- ඛමාපෙත්වා විසජ්ජයි

ශාස්තෘන් වහන්සේගේ ශ්‍රී පාදයන් දෙඅතින් ගෙන තම සිරස මුදුනෙහි තබා වන්දනා කොට අත්බැහැරට ගත් සේක.

පුණ්ණචන්දෝ යථා අබ්භං
- චිතකං පාවිසි තදා

ඉදං අච්ඡේරකං දිස්වා
- රවං රවි මහාජනෝ

වළාගැබට වදින පුන්සඳ සෙයින් එකල්හී ශ්‍රී පාදයෝ චිතකය තුළට පිවිසියාහු ය. මෙම ආශ්චර්යය දුටු මහජන තෙමේ මහත් සේ සාධු හඬ නැංවී ය.

උට්ඨහිත්වාන පාචීනා
- චන්දෝ අත්ථංගතෝ යථා
පාදේ අන්තරධායන්තේ
- අරෝදිංසු මහාජනා

පෙරදිගින් උදා වූ පුන්සඳ බැසගිය පරිද්දෙන් ශ්‍රී පාදයන් නොපෙනී ගිය කල්හී මහාජනයෝ හඬා වැළපෙන්නට වන්හ.

එකල්හී මල්ල රජවරු 'භාග්‍යවතුන් වහන්සේගේ ශරීර කෘත්‍යය කරන්නෙමු' යි පවසා නා නා වස්ත්‍රාභරණයෙන් සැරසී පිරිවැරුවාහු ය. එකල්හී රජවරු ත්, මිනිස්සු ත් ගිනි දල්වන්නට පටන් ගත්හ. එකල්හී ශක්‍ර දේවේන්ද්‍ර තෙමේ 'මාගේ පිරිනිවීමෙන් පසු ශක්‍ර දේවේන්ද්‍ර තෙමේ මාණික්‍යයෙන් නැගෙන ගින්නෙන් මාගේ සිරුර කිස කරන්නේ ය. මැණිකෙන් ගිනි ඇවිල වූ පසු මිනිස්සු ගිනි තබන්නාහු යැ' යි මෙසේ බුදු වදන් සිහිකොට තුන් වරක් පැදකුණු කොට භාග්‍යවතුන් වහන්සේගේ චිතකයට ගිනි අවුළුවා හාත්පසින් ගින්න නැගේවා යි අදිටන් කළේය.

එකෙණෙහි චිතකය තෙමේ ම ගිනිගත්තේ ය. දැවෙන්නා වූ භාග්‍යවතුන් වහන්සේගේ සිරුරෙහි සිවිය,

සම, මස්, නහර, ඇටමිදුළු ඉතිරි නොකොට සමන් කැකුළු රැසක්, මුතු රැසක් මෙන් ධාතූන් වහන්සේලා ඉතිරි වූහ.

පරිනිබ්බුතකාලේපි
- සකලං කලුනං අහු
පරිදේවෝ මහා ආසි
- මහී උද්‍රියනං යථා

පිරිනිවන් පෑ අවස්ථාවෙහි හැම තැන පාළු වී ගියේ ය. මහපොළොව හඬ නගන සෙයින් මහා වැළපීමක් වූයේ ය.

දේවතායානුභාවේන
- සත්ථුනෝ චිතකෝ සයං
තතෝ ඒකප්පහාරේන
- පජ්ජලිත්ථ සමන්තතෝ

දෙවියන්ගේ ආනුභාවයෙන් ශාස්තෘන් වහන්සේගේ චිතකය එකල්හී එක්පැහැර හාත්පසින් ඇවිල ගත්තේ ය.

යඤ්ච අබ්භන්තරං දුස්සං
- යං දුස්සං සබ්බබාහිරං
දුස්සේ ද්වේව න ඣායිංසු
- තේසං දුස්සානමන්තරේ

ඒ සිරුර වෙලා තිබූ වස්ත්‍ර අතුරින් යම් වස්ත්‍රයක් හැමට යටින් තිබුණේ ද, යම් වස්ත්‍රයක් හැමට පිටින් තිබුණේ ද, ඒ වස්ත්‍ර දෙකම නොදැවුණේ ය.

යථා නිරුද්ධතෙලස්ස
- න මසී න ච ඡාරිකා

ඒවමස්ස න දිස්සති
- බුද්ධගත්තස්ස ඣායතෝ

දැල්වෙන තෙලක් නොපෙනී යන සෙයින් බුදුරජුන්ගේ සිරුර දැවෙන කල්හී අළු හෝ දැලි හෝ දකින්නට නොපෙනෙයි.

සුමනමකුළසභාවා ච
- ධෝතමුත්තහමේව ච
සුවණ්ණවණ්ණසංකාසා
- අවසිස්සංසු ධාතුයෝ

සමන් කැකුළු සෙයින් හෝ සෝදන ලද බබලන මුතු සෙයින් හෝ රන්වන් පැහැයෙන් ධාතූන් වහන්සේලා ඉතිරි වූහ.

දාඨා චතස්සෝ උණ්හීසං
- අක්ඛකා ද්වේ ච සත්තිමා
න විකිණ්ණා තතෝ සේසා
- විප්පකිණ්ණාව ධාතුයෝ

සතර දළදාව ය, ලලාට ධාතුව ය, අකු ධාතු දෙක වශයෙන් එයින් නොවිසිරුණු ධාතු සතකි. ඉතිරි ධාතූහු කුඩා කැබලිවලට බිඳී ගියාහු ය.

අහෝසි තනුකා ධාතු
- සාසපබීජමත්තිකා
ධාතුයෝ මජ්ඣිමා මජ්ඣෙධ
- භින්නතණ්ඩුලමත්තිකා

ඉතා කුඩා ධාතු අබ ඇට පමණ වූවාහු ය.

මධ්‍යම ප්‍රමාණයේ ධාතූහු කැඩුණු සහල් ඇට පමණ වූවාහු ය.

ධාතුයෝ මහති මජ්කෙධ
- භින්නමුග්ගප්පමාණිකා
ධතුවණ්ණා තයෝ ආසුං
- බුද්ධාධිට්ඨානතේජසා

එහි විශාල ධාතූහු බිඳුණු මුංඇට පමණ වූවාහු ය. බුදුරජුන්ගේ අදිටන් තෙදින් සමන් මල් පැහැය, මුතු පැහැය, රන් පැහැය යන ත්‍රිවිධ පැහැයෙන් යුතු වූවාහු ය.

සාරිපුත්තස්ස ථේරස්ස
- සිස්සෝ සරභූනාමකෝ
ආදාය ජිනගීවට්ඨිං
- චිතකාතෝව ධාතු සෝ

සාරිපුත්ත තෙරුන් වහන්සේගේ ශිෂ්‍යවර සරභූ නම් තෙරුන් වහන්සේ ඒ ග්‍රීවා ධාතුව චිතකයෙන් ම ගෙන,

සද්ධිං සිස්සසහස්සේන
- චේතිය මහියංගණේ
ඨපෙත්වා චේතියං කත්වා
- කුසිනාරමගා මුනි

දහසක් ශිෂ්‍ය භික්ෂූන් සමඟ මහියංගණ චෛත්‍යයෙහි පිහිටුවා, චෛත්‍යය උස්කොට යළි සරභූ මුනි තෙමේ කුසිනාරාවට වැඩියේ ය.

ඡළභිඤ්ඤො වසිප්පත්තෝ
- ඛේමෝ කාරුණිකෝ මුනි
සහසා චිතකාතෝව
- වාමදාඨං සමග්ගහී

ෂඩ් අභිඥාලාභී, චිත්ත වශීප්‍රාප්ත කාරුණික මුනි වූ ඛේම තෙරුන් වහන්සේ චිතකය නොනිවී තිබිය දී ම වම් දළදාව ගත්හ.

ආකාසතෝ පතිත්වාපි
- නික්ඛමිත්වාපි සාලතෝ
සමන්තතොම්බුමුග්ගන්ත්වා
- නිබ්බාපේසුං ජලානලං

අහසිනුත් වැටී, සල්රුක් වලිනුත් නික්මී හාත්පසින් මතු වී ආ ජලය ඇවිලෙන ගින්න නිවා දැම්මේ ය.

මල්ලරාජගණා සබ්බේ
- සබ්බගන්ධෝදකේන තං
චිතකං ලෝකනාථස්ස
- නිබ්බාපේසුං මහේසිනෝ

සියළු මල්ල රජ පිරිස සියළු සුවඳ දියෙන් මහර්ෂි වූ ලෝකනාථයන් වහන්සේගේ ඒ චිතකය නිවා දැමූහ.

මෙසේ සියළු ලොවෙහි කරුණාවෙන් අග්‍ර වූ සම්මා සම්බුදුරජාණෝ වෙසක් පුන් පොහෝ දිනයෙහි පිරිනිවන් පෑ සේක. දෙව් මිනිසුන් හට උපකාර පිණිස සල් රුක් දෙක අතර චිතකය දිවා රාත්‍රී සතක් තිබුණේ ය. එයින් එක්සිය විසි රියනකට උඩින් දිවා රාත්‍රී සතක් සුවඳ

මල් වැස්සේ ය. ගින්න නිවී යන තෙක් දිවා රාත්‍රී සතකි.

එයින් සත් දිනක් කුසිනාරාවෙහි මල්ල රජදරුවන් විසින් සුවඳපැනින් චිතකය නිවන කල්හී, සල්රුකින් දිය දහරා නික්ම චිතකය නිව්වේ ය. ඉක්බිති දසබලයන් වහස්සේගේ ධාතූන් වහන්සේලා රන් කරඬුවක තැන්පත් කොට තම නගරයෙහි සන්ථාගාරයට වැඩමවා ආයුධයෙන් මැදිරියක් තනවා එහි වඩා හිඳුවා, දුන්නෙන් ප්‍රාකාරයක් කරවා සත් දිනක් නැටුම්, ගැයුම්, වැයුම්, සුවඳින්, මලින් පූජා සත්කාර කළාහු ය.

තතෝ තේ මල්ලරාජානෝ
- රම්මං දේවසභෝපමං
සබ්බථා මණ්ඩයිත්වාන
- සන්ථාගාරං තතෝ පන

එයින් ඒ මල්ල රජවරු රම්‍ය වූ දිව්‍ය සභාවක් බඳු සැම අයුරින් අලංකාර කරන ලද සන්ථාගාරයට වැඩමෙව්වාහ.

මග්ගං අලංකරිත්වාන
- යාව මකුටචේතියා
හත්ථික්ඛන්ධේ ඨපෙත්වාන
- හේමදෝණිං සධාතුකං

මකුට චේතිය දක්වා මාර්ගයෙහි අලංකාර කොට ධාතූන් වහන්සේලා සහිත රන් දෙන ඇතු පිටෙහි වැඩමවාගෙන,

ගන්ධාදීහිපි පූජෙත්වා
- කීළන්තා සාධුකීළිතං
පවේසෙත්වාන නගරං
- සන්ථාගාරේ මනෝරමේ

සුවඳ මල් ආදියෙන් පුදා යහපත් නෘත්‍යාදිය පවත්වමින් නගරයට පිවිස රම්‍ය වූ සන්ථා ගාරයෙහි,

දසභූමස්මිං පල්ලංකේ
- ඨපෙත්වා ජිනධාතුයෝ
උස්සයුං තේ තදා ඡත්තේ
- සන්ථාගාරසමන්තතෝ

දස භූමි පළඟක ධාතූන් වහන්සේලා වඩා හිඳුවා ඔවුහු සන්ථාගාරය අවට ඡත්‍රයන් එසවූහ.

හත්ථීහි පරික්ඛිපාපේසුං
- තතෝ අස්සේ තතෝ රථේ
අඤ්ඤෙඤ්ඤං පරිවාරෙත්වා
- තතෝ යෝධේ තතෝ ධනූ
ඉති පරික්ඛිපාපේසුං
- සමන්තා යෝජනං කමා
තදා නච්චේහි ගීතේහි
- වාදිතේහි ච පූජයුං

ඇතුන්ගෙන් ද, අසුන්ගෙන් ද, රථයන් ගෙන් ද වටකොට ගත්තාහු ය. එකිනෙකා පිරිවරාගෙන භටසේනා ද, ධනුර්ධරයෝ ද වටකොට ගත්තාහු ය. මෙසේ හාත්පස යොදුනක් පමණ තැන වටකොට නැටුම් ගැයුම් වාදයෙන් පිදූහ.

තථාගතයන් වහන්සේගේ පිරිනිවන් කථාව සමාප්තයි

එකල්හී භාග්‍යවතුන් වහන්සේගේ පරිනිර්වාණය ඇසූ අජාසත් මහරජු 'මම ද ක්ෂත්‍රියයෙක්මි. භාග්‍යවතුන් වහන්සේත් ක්ෂත්‍රිය වන සේක. ශාස්තෘන් වහන්සේගේ ශාරීරික ධාතුන් වහන්සේලා උදෙසා ස්තූපයක් ද කරමි. මහා පූජෝත්සවයක් ද කරමි' යි මල්ල රජවරුන්ට හසුනක් යැවීය. ඒ අයුරින් විසල්පුර ලිච්ඡවී රජවරුන් ද, කපිලවස්තුවෙහි ශාක්‍ය රජවරුන් ද, අල්ලකප්පයෙහි බුලයෝ ද, රාමගමෙහි කෝලියයෝ ද, වේඨදීපක බ්‍රාහ්මණයා ද, පාවා නුවර පාවෙය්‍යක රජවරු ද හසුන් එවා සියල්ලෝ එක්වී කුසිනාරාවෙහි රජදරුවන් සමඟ යුද්ධ පිණිස විවාදයක් පටන් ගත්තාහු ය. ඔවුන් හට ආචාර්ය වූ ද්‍රෝණ නම් බ්‍රාහ්මණයෙක් විය. ඔහු ඔවුන් අමතා "භවත්නි, යුද්ධ කෝලාහල නොකරව්. අපගේ භාග්‍යවතුන් වහන්සේ ක්ෂාන්තිවාදී වන සේක් ම ය. එබඳු වූ ක්ෂාන්ති, මෛත්‍රී, දයානුකම්පාවෙන් යුක්ත උත්තමයෙකුගේ ශාරීරික ධාතුන් වහන්සේලා උදෙසා කලහ කරගන්නට නොවටියි."

එහි ද්‍රෝණ යනු කවරෙක් ද? එකල පිරිසෙහි ආචාර්යවරයා ය. ඔහු ධාතූන් වහන්සේලා බෙදන විට එක් දකුණු දළදාවක් ගෙන හිස් වෙළුම් අතරෙහි සැඟවී ය. එකල්හී ශක්‍ර දේවේන්ද්‍ර තෙමේ අද දකුණු දළදාව කවුරු ලැබුවේ දැයි සිතන විට බමුණාගේ හිස් වෙළුමෙහි තිබෙන දකුණු දළදාව දක්කේ ය. ඔහු රන් කරඬුවක් ගෙන නොපෙනෙන කයකින් ගොස් දකුණු දළදාව ගෙන තව්තිසා දෙව්ලොව එක් යොදුනක් උස් කොට සිළුමිණි සෑය නම් මහත් ස්තූපයක් කොට තැබුවේ ය. එක් දකුණු දළදාවක් ඔහුගේ පා ඇඟිලි අතර මැඩී තිබී එය නා රජෙක් ගත්තේ ය.

මෙතෙකින් තව්තිසා දෙව්ලොව දන්තධාතු කථාව පිරිපුන්ව දත යුත්තේ ය.

එකල්හී ජයසේන නම් නා රජෙක් භාග්‍යවතුන් වහන්සේගේ පිරිනිවීම අසා 'අද අවසන් දැක්ම දකින්නෙමි' යි මහත් නාගරාජ සම්පත් ගෙන කුසිනාරාවට ගොස් මහා පූජාවක් කොට එකත්පස් ව සිට, ද්‍රෝණ බමුණාගේ පා ඇඟිලි අතර පිහිටි දළදාව දැක නාග ඉර්ධි බලයෙන් එය ගෙන නාග භවනයට පමුණුවා නා පුරය මැද රතන චෛතියෙහි තැබුවේ ය. තම්බපණ්ණියෙහි කාවන්තිස්ස රජු කල මහාදේව තෙරුන්ගේ ශිෂ්‍යවර වූ මහින්ද නම් තෙරුන් වහන්සේ නාගභවනයට ගොස් එම දකුණු දළදා වහන්සේ ගෙන තම්බපණ්ණියෙහි සේරු නුවරට වැඩමවා ගිරි අබා රජුගේ සේරු නුවර පර්වත අතරෙහි චෛත්‍යයක් කරවා තැන්පත් කරවූයේ ය.

මෙතෙකින් නාගභවනෙහි දන්ත ධාතු කථාව පිරිපුන් ව දත යුත්තේ ය.

එහිදී මේ ගන්ධාරවාසීහු කවරහුද? ද්‍රෝණ නම් බ්‍රාහ්මණාචාර්යයවරයා එක් වම් දළදාවක් තම හැඳි වස්ත්‍ර අතර සඟවා ගත්තේ ය. එකල්හී එක් ගන්ධාර වැසියෙක් තමන් හට ධාතු ලැබෙන බව අසන ලද අනාවැකි ඇති, කළ පැතුම් ඇති ව බමුණාගේ වස්ත්‍ර අතර තිබූ වම් දළදාව දැක කුසල් සිතින් යුතුව එම දළදාව ගෙන ගන්ධාරවාසීන් සමඟ සියරට ගොස් චෛතිය වනයෙහි වඩා හිඳෙව්වේ ය.

මෙතෙක් වම් දළදාව පිළිබඳ කථාව පිරිපුන් ව දත යුත්තේ ය.

ඉක්බිති සාරිපුත්ත තෙරුන් වහන්සේගේ ශිෂ්‍යවර

ඛේම නම් මුනි තෙමේ චිතකය දැල්වෙමින් තිබියදී ම ඉර්ධියෙන් වම් දළදාව ගෙන කලිඟු පුරයට පමුණුවා බ්‍රහ්මදත්ත රජු සමීපයට ගොස් දළදා වහන්සේ පෙන්වා "මහරජාණෙනි, භාග්‍යවතුන් වහන්සේ මේ දඹදිව ම ගුහසීව රාජපරම්පරාව දක්වා දෙව් මිනිසුන්ගේ යහපත පිණිස අවසාන ගුහසීව රජු හට වම් දළදා වහන්සේ පවරනු ලබන්නාහ" යි පවසා පැවරූහ.

පසුකාලයෙහි හේමමාලා රාජ කන්‍යාව දන්ත කුමරු සමඟ බ්‍රාහ්මණ වෙස් ගෙන වම් දළදාව රැගෙන පළා ගොස්, වෙළඳුන්ට දන්වා වේගයෙන් නැවෙන් ගොස්, නාග ගුරුළාදීන්ගෙන් මහත් පූජා පවත්වා අනුක්‍රමයෙන් දඹකොල පටුනට පැමිණ, උතුම් නාගයෙකු විසින් පවසන ලද මගින් අනුරාධපුරයට පැමිණ, කිත්සිරිමෙවන් රජුගේ තොරතුරු විමසා, නවවැනි වියෙහි සිට තිසරණ කෙරෙහි පැහැදීමෙන් සිටින බව අසා, මේඝගිරි මහතෙරුන් සමීපයට ගොස් දඹදිව සිට දළදා වහන්සේ වැඩම කළ බව දැනුම් දී ධාතූන් වහන්සේ පෙන්නුවේ ය. එය දැක ප්‍රීතියෙන් පිනා ගොස් හේමමාලා - දන්ත කුමරු දෙදෙනාට ද සංග්‍රහ කොට මහාවිහාරය සරසා සර්වඥ දන්ත ධාතුව වඩා හිඳුවා එක් භික්ෂුවක් පිටත් කොට, රජු හට ඒ පුවත සැළ කළේ ය. එය ඇසූ රජ තෙමේ සක්විති සිරි සම්පත් ලද දිළින්දෙකු සෙයින් අතිශයින් ප්‍රීති ප්‍රමුදිත ව දළදා වහන්සේගේ ප්‍රාතිහාර්යය දැක විමසා නිසැක ව සකල ලංකාද්වීපයෙන් පූජා කෙළේ ය. මේ නයින් පූජා පවත්වා එක දවසකින් ම නව ලක්ෂයක් පිදීය.

සීහළින්දෝ උභින්නම්පි
- බහූනි රතනානි ච
ගාමේ ච ඉස්සරේ චේව
- දත්වාන සංගහං අකා

සිංහල රජ තෙමේ ඒ දෙදෙනාට ද, බොහෝ රත්නයන් ද, ගමෙහි අධිපති බව ද දී සංග්‍රහ කෙළේ ය.

මෙතෙකින් යටි වම් දළදා කථාව පිරිපුන් ව දත යුත්තේ ය.

සම සතළිස් දත් ද, කෙස් හා ලොම් ද වශයෙන් සියල්ල එක බැගින් දෙවිවරු සක්වළ පිළිවෙලින් ගෙන ගියාහු ය.

එහිලා සම සතළිස් දත් යනු, 'සෙසු දත් ද, කෙස් ද, නිය ද, සියල්ල ද, මා පිරිනිවී කල්හී නොදැවෙත්වා! ඒවා ගැලවී අහසෙහි පිහිටත්වා! එක් එක් සක්වලට එක් එක් කෙස් ලොම් නිය දත් වශයෙන් පමුණුවා චෛත්‍යය කරවා දෙව්මිනිසුන්ට යහපත වේවා!' යි අදිටන් කළ වචනයක් ඇත්තේ ය. එහෙයින් පිරිනිවන් පෑ කාලයේ සිට යම්තාක් සිරුර නොදැවෙයි ද, සවණක් රැස් දහරා ලොම් ධාතු අත් නොහරියි.

ද්‍රෝණ බමුණා ද හිස් වෙළුමේ ත්, හැඳිවතෙහි ත්, පා ඇඟිලි අතර ත් සැඟවූ ධාතු නැති බව දැන සිහි නැති ව වැටුණේ ය. එකල්හී සක් දෙව් රජු 'මේ ද්‍රෝණාචාර්යය තෙමේ ධාතූන් නිසා ශෝකයෙන් මුසපත් ව විනාශයට පත්වන්නේ ය. මම වීණාචාර්යය වරයෙකුගේ වෙස් ගෙන මොහු වෙත ගොස් ශෝක දුරුකරන්නෙමි' යි ශක්‍ර වෙස් හැර වීණා වයන්නෙකුගේ වෙස් ගෙන එකත්පස්ව සිටයේ, දිව්‍ය වූ ගී ගයා වීණා වාදනය කරන්නේ, නොයෙක් ලෙස උදන් ඇනුවේ ය. 'යම් ධර්මයක් ඉස්මතු කොට අද එම පුරුෂයාගේ වාදය සිඳෙන්නෙමි' යි පවසා කථාව අසන්නවුන්ට 'ලෝභය අනුන්ගේ යහපත නසන

බව ත්, අතිලෝභයෙන් පුරුෂයා පව්ටෙක් වන බව' ත් පැවසීය. හංසරාජ ජාතකය පවසා, ලැබුණේ යමක් ද, එය මනා ලැබුමක් බව ත් පැවසී ය. එය ඇසූ ද්‍රෝණ තෙමේ මේ වීණාචාර්යයවරයා මාගේ සොරකම දැනගත්තේ යැයි ශෝකය දුරු කොට නැගිට සිතමින් සිට ධාතු බෙදූ බඳුන දැක එයින් භාග්‍යවතුන් වහන්සේගේ ශාරීරික ධාතු මැන්න හෙයින් එය ද ධාතු හා සමාන ය. මෙය ගෙන ස්ථූපයක් කරන්නෙමියි සිතා ධාතු බෙදූ බඳුන ගෙන චෛත්‍යයක් කරවූයේ ය. මෝරිය රජවරු අඟුරු ගෙන ගොස් අංගාර චේතිය නමින් සෑයක් කරවූහ.

ඒ රජවරු තමන් වෙත ලද ධාතු ගෙන තම තමන්ගේ නගරයට ගොස් චෛත්‍යය ඉදිකරවා මහත් පුද පූජා පැවැත්වූහ. දහම් ඇස් ඇති භාග්‍යවතුන් වහන්සේගේ ශාරීරික ධාතු ද්‍රෝණ අටක් පමණ තිබුණේ ය. රන් නැලියෙන් එක්සිය විසි අට නැළියක් තිබුණේ ය.

ශාස්තෲන් වහන්සේ උතුරු සල් නැකතින් මව් කුස පිළිසඳ ගත් සේක. විසා නැකතින් මව් කුසින් නික්මුණු සේක. උතුරුසල් නැකතින් මහාභිනික්මන් කළ සේක. විසා නැකතින් අභිසම්බෝධියට පත් වූ සේක. උතුරු සල් නැකතින් ධර්ම චක්‍රය ප්‍රවර්තනය කළ සේක. ඒ නැකතින් ම යමක ප්‍රාතිහාර්යය කළ සේක. අස්විද නැකතින් දෙව්ලොවින් බැස වදාළ සේක. විසා නැකතින් පිරිනිවි සේක. මහාකස්සප තෙරුන් වහන්සේ ද, අනුරුද්ධ තෙරුන් වහන්සේ ද යන මහා තෙරුන් වහන්සේලා දෙනම භාග්‍යවතුන් වහන්සේගේ ශාරීරික ධාතුන් වහන්සේලා බෙදා දුන්හ.

භාග්‍යවතුන් වහන්සේගේ ශාරීරික ධාතු ලැබූ ඒ රජවරුන් විසින් සත් දිනක් සත් මසක් අධික කොට

සත් වසරක් මහානීය වූ පුද පූජාවෙන් කල් ගෙවූ කල්හී මිසදිටු මිනිස්සු 'ශ්‍රමණ ගෞතම තෙමේ පිරිනිවියේ ය. රජු ධාතු නිසාවෙන් අපගේ දිවි පැවැත්ම වනසා පූජා කරයි' යනුවෙන් සම්මා සම්බුදු රජුන් කෙරෙහි සිත් දූෂ්‍ය කරගන්නාහ යි ශක්‍ර දේවේන්ද්‍ර තෙමේ මේ කරුණ සිතමින් සිට, මහා කස්සප තෙරිඳුන්ට දැනුම් දුන්නේ ය.

"ස්වාමීනී, මිසදිටු ගත් මිනිස්සු භාග්‍යවතුන් වහන්සේ කෙරෙහි සිත් දූෂ්‍ය කොට ගෙන මෙයින් චුත ව, අවීචි මහා නරකාදියෙහි උපදිති. අනාගතයෙහි මිසදිටු ගත් බහුතරයක් මව්පියන් මරණ රජවරු වන්නාහු ය. අද ම ධාතුන් වහන්සේලා නිධන් කරන්නට වටනේ යැ"යි තෙරුන්ට පැහැදිලි කොට දුන්නේ ය.

ජීවමානව වැඩහිඳින කල්හී අනන්ත යහපත සළසා, සත්වයන්ගේ යහපතට පිබිදුණු සිත් ඇතිව සිට අවශේෂ ජනයාගේ යහපත පිණිස ශාරීරික ධාතු තබා උන්වහන්සේ පිරිනිවි සේක.

ධාත්වන්තරායං දිස්වාන
- ථේරෝ කස්සපසව්හයෝ
නිධානං සබ්බධාතූනං
- කරෝහීත්‍යාහ භූපතිං

මහා කස්සප නම් තෙරුන් වහන්සේ ධාතුන් වහන්සේලාට සිදුවිය හැකි අනතුර දැක රජු හට සියළු ධාතු නිධන් කරන්නැයි පැවසූ සේක.

සාධූති සෝ පටිස්සුත්වා
- මාගධෝ තුට්ඨමානසෝ

ධාතුනිධානං කාරේසි
- සබ්බත්ථ වත්තිතාදිය

ඒ අජාසත් මගධ රජු සතුටු සිතින් යුතුව යහපතැයි පිළිවදන් දී සැම තැන්හි පිදුම් ලබන ධාතු නිධන් කරවීය.

කාරාපෙත්වාන සෝ රාජා
- කස්සපස්ස නිවේදයී
ධාතුයෝ ආහරී ථේරෝ
- ඉදං කාරණමද්දස

ඒ රජ තෙමේ එසේ කරවා මහා කස්සපයන් වහන්සේට දැනුම් දුන්නේ ය. මේ කාරණය දුටු තෙරණුවෝ ධාතූන් වහන්සේලා ගෙන වැඩියාහ.

භුජංගා පරිගණ්හිංසු
- රාමගාමම්හි ධාතුයෝ
චේතියේ ධාරයිස්සන්ති
- ලංකාදීපේ අනාගතේ

අනාගත ලංකාවෙහි මහා ථූපයෙහි පිහිටන්නාහු යැයි රාම ගමෙහි ධාතූන් වහන්සේලා නාගයෝ රැක ගත්තාහු ය.

තා ධාතුයෝ ඨපෙත්වාන
- ථේරෝ කස්සපසව්හයෝ
රඤ්ඤො අජාතසත්තුස්ස
- අදාසි ධාතුයෝ තදා

ඒ ධාතූන් වහන්සේලා හැර මහා කස්සප

තෙරුන් වහන්සේ අජාසත් රජුට අනෙක් ධාතූන් වහන්සේලා දුන් සේක.

ගේහේ චූපකරණානි
- චතුසට්ඨීසතානි සෝ
අබ්භන්තරේ ඨපේසි රාජා
- සබ්බා තා බුද්ධධාතුයෝ

එක්සිය හැට හතරක් උපකරණයෙන් යුතුව ඒ රජ තෙමේ සියළු සම්බුද්ධ ධාතූ ඒ ගෘහය අභ්‍යන්තරයෙහි තැන්පත් කළේ ය.

කරණ්ඩාසීති සංකිණ්ණං
- චේතියාසීතිලංකතං
ගේහේ බහුසමාකිණ්ණං
- ථූපාරාමප්පමාණකං

අසූවක් කරඬුවලින් හා අසූවක් චෛත්‍යවලින් සරසන ලදුව ඒ ගෘහයෙහි බොහෝ සෑයන්ගෙන් පිරී ථූපාරාමය පමණට තිබුණේ ය.

කාරෙත්වා සබ්බකරණං
- වාලිකං ඕකිරී තහිං
නානාපුප්ඵසහස්සානි
- නානා ගන්ධං සමාකිරි

සියළු දේ මැනැවින් කොට එහි සුදු වැලි අතුරා, නොයෙක් දහස් ගණන් මලින් ද, නොයෙක් සුවඳින් ද පිදී ය.

අසීතිථේරරූපානි
- අට්ඨචක්කසතානි ච

සුද්ධෝධනස්ස රූපම්හි
- මායාපජාපතාදිනං

අසූ මහා ශ්‍රාවක තෙරවරුන්ගේ රූප ද, එක්සිය අටක් ධර්ම චක්‍රයන් ද, සුදොවුන් රජු, මායා දේවිය, ප්‍රජාපතී දේවිය ආදීන්ගේ රූප ද,

සබ්බානි තානි රූපානි
- සුවණ්ණස්සේව කාරයී
පඤ්ච ඡත්තධජසතේ
- උස්සාපේසි මහීපතී

මිහිපල් තෙමේ ඒ රූප සියල්ල රනින් ම කරවීය. පන්සියයක් ධජ ඡත්‍රයන් ඔසොවාලීය.

ජාතරූපමයේ කුම්භේ
- කුම්භේ ච රතනාමයේ
පඤ්ච පඤ්ච සතේයේව
- ඨපාපේසි සමන්තතෝ

රනින් කරන ලද කළගෙඩි ද, රුවනින් තැනූ කළගෙඩි ද, පන්සියය බැගින් හාත්පස තැබුවේ ය.

සෝවණ්ණනික්ඛමයේන ච
- කපාලේ රජතාමයේ
පූරේසි ගන්ධතේලස්ස
- ජාලාපෙත්වා පදීපකේ

රිදියෙන් කළ පහන් බඳුනෙහි රනින් කළ

පහන් වැටි මුව ඇත්තේ ය. එහි සුවඳ තෙල් පුරවා පහන් දල්වීය.

පඤ්ච පඤ්ච සතේයේව
- ඨපාපේසි දිසම්පති
ඉමේ තථේව තිට්ඨන්ත
- අධිට්ඨාසි මහාමුනි

රජ තෙමේ ඒ පහන් පන්සියය බැගින් තැබ්බවීය. මේ පහන් එසෙයින් නොනිවී තිබේවා යි මහා මුනිඳානෝ අදිටන් කළෝ ය.

විත්ථාරිතා ධම්මාසෝකෝ
- භවිස්සති අනාගතේ
අක්ඛරේ සොණ්ණපත්තම්හි
- ජින්දාපේසි මහාමතී

මහා නුවණැති තෙරණුවෝ අනාගතයෙහි ධර්මාශෝක නම් නිරිඳෙක් වන්නේ යැයි විස්තර කොට රන් පත්ඉරුවෙහි ලියා තැබ්බවූහ.

පකප්පිත්වා විසුකම්මං
- ධාතුගබ්භසමන්තතෝ
වාතවේගේන යායන්තං
- යන්තරූපමකාරයී

ධාතු ගර්භය හාත්පස ඉතා මැනැවින් පිළියෙල කොට සුළං වේගයෙන් වටා දිවෙන යන්ත්‍රරූප කරවන ලද්දේ ය.

කත්වා සිලාපරික්ඛේපං
- පිදහිත්වා සිලාහි තං
තස්සූපරි කරී ථූපං
- සමං පාසාණථූපියං

ගල් බැම්මකින් වටකොට ගලින් වසා දමා ඒ මත සමකොට ගලින් ම ස්තූපයක් කරවූයේ ය.

ධාතු නිධාන කථාව සමාප්තයි.

මෙසේ ආර්ය ජනප්‍රසාදය පිණිස කරන ලද
ධාතුවංශයෙහි තථාගතයන් වහන්සේගේ පිරිනිවීම පිළිබඳ ඇතුළත්
දෙවන පරිච්ඡේදය නිමා විය.

3.

ධාතු පරම්පරා කථාව

ධාතුන් වහන්සේලා බෙදා දෙන කල්හී ශාස්තෘන් වහන්සේගේ ලලාට ධාතුව කුසිනාරාවෙහි මල්ල රජදරුවන් ලැබූ කොටසෙහි වැඩසිටියේ, මහා කස්සපයන් වහන්සේ ඔවුන් වෙත එළඹ මෙය වදාළහ.

"රජදරුවෙනි, ශාස්තෘන් වහන්සේගේ ලලාට ධාතූන් වහන්සේ ඔබ ලද ධාතු කොටසෙහි වැඩසිටින සේක. මම එය ගන්නට පැමිණියෙමි. භාග්‍යවතුන් වහන්සේ ජීවමාන ව වැඩවසන කල්හී තම්බපණ්ණි දිවයිනෙහි එය පිහිටන බව අනුදත් සේක. එහෙයින් එය අපට දෙව්."

එය ඇසූ මල්ල රජවරු, "එසේ නම් ස්වාමීනී, ලලාට ධාතුව පිළිගත මැනැවැ"යි මහා කස්සප තෙරුන් හට ලලාට ධාතුව දුන්නාහු ය. මහා කස්සපයන් වහන්සේ තම ශිෂ්‍යවර මහානන්ද තෙරුන් කැඳවා ලලාට ධාතුව තෙරුන්ට භාර දී 'මේ ලලාට ධාතූන් වහන්සේ තම්බපණ්ණි දීපයෙහි මහවැලි ගඟ දකුණු ඉවුරු පෙදෙසෙහි සේරු

නම් විල් තෙර වරාහ නම් ගල් පොකුණ මත කාවන්තිස්ස රජු පිහිටුවන්නේ ය. චෛත්‍යයක් ද, සංඝාරාමයක් ද කරවන්නේ ය. ඔබ මේ ලලාට ධාතූන් වහන්සේ ගෙන ගොස් විසල්පුර මහා වනයෙහි කූටාගාර ශාලාවෙහි ශාස්තෘන් වහන්සේ වැඩවාසය කළ ගන්ධ කුටියෙහි වඩාහිඳුවා, ධාතු පූජා පවත්වා ආයු සංස්කාර අත්හැර පිරිනිවෙන කල්හී තම ශිෂ්‍ය චන්ද්‍රගුප්ත තෙරුන් හට ධාතු වංශය පවසා අප්‍රමාදී වව' යි වදාරා ලලාට ධාතුව තෙරුන්ට පවරා අනුපාදිශේෂ පරිනිර්වාණ ධාතුවෙන් පිරිනිවන් පෑ සේක.

සාවකෝ සත්ථුකප්පෝ
- සෝ පභින්නපටිසම්භිදෝ
ගහෙත්වා මානයී ධාතුං
- මහා නන්දෝ මහාවනේ

ඒ මහා කස්සපයන් වහන්සේ සිව් පිළිසිඹියාපත් ව, ශාස්තෘන් වහන්සේ වැනි ව ශ්‍රාවකයෙක් ව හුන් සේක. උන්වහන්සේගෙන් ධාතු ගෙන මහා නන්ද තෙරණුවෝ විසල්පුර මහාවනයෙහි ගඳ කිලියෙහි ධාතු පිදූහ.

ඒ මහානන්ද තෙරුන්ගේ ශිෂ්‍ය වූ චන්ද්‍රගුප්ත තෙරණුවෝ ලලාට ධාතුව ගෙන අහසට පැන නැඟී, සැවැත් නුවර දෙව්රම් මහවෙහෙරෙහි දසබලයන් වහන්සේ වැඩවිසූ ගඳකිලියට වැඩමවා ධාතු පූජා පවත්වමින් බොහෝ කල් වාසය කළහ. උන්වහන්සේ ත් ආයු සංස්කාර අත්හැර පිරිනිවෙන කල්හී තම ශිෂ්‍යවර භද්දසේන තෙරුන් කැඳවා ඒ තෙරුන්ට ධාතූන් වහන්සේ භාර කොට, ධාතුවංශ කථාව පවසා අනුපාදිශේෂ පරිනිර්වාණ ධාතුවෙන් පිරිනිවි සේක.

චන්දගුත්තෝ මහාපඤ්ඤෝ
- ඡළභිඤ්ඤෝ විසාරදෝ
රම්මේ ජේතවනේ ධාතුං
- ඨපෙත්වා වන්දනං අකා

මහා ප්‍රාඥ වූ, ෂඩ් අභිඥාලාභී විශාරද නුවණැති චන්ද්‍රගුප්ත තෙරණුවෝ රම්‍ය වූ දෙව්රමෙහි ලලාට ධාතුව වඩා හිඳුවා වැඳුම් පිදුම් කළාහු ය.

ඒ චන්ද්‍රගුප්ත තෙරුන්ගේ ශිෂ්‍යවර භද්දසේන තෙරණුවෝ ලලාට ධාතුව ගෙන අහසින් ගොස් ඉසිපතනයෙහි දම්සක් පැවැතුම් මහා වෙහෙරෙහි ශාස්තෘන් වහන්සේ වැඩසිටි ගඳකිලියෙහි වඩා හිඳුවා, සුවඳ මල් ආදියෙන් පූජා පවත්වා බොහෝ කල් වාසය කෙළේ ය. උන්වහන්සේ පිරිනිවෙන කල්හී තම ශිෂ්‍යවර ජයසේන තෙරුන්ට ලලාට ධාතූන් වහන්සේ භාර දී ධාතුවංශය පවසා අනුපාදිසේස පරිනිර්වාණ ධාතුවෙන් පිරිනිවි සේක.

භද්දසේනෝ මහාථේරෝ
- කතකිච්චෝ මහාඉසි
ධාතුං ඨපෙත්වා ඉසිපතනේ
- වන්දිත්වා නිබ්බුතිං ගතෝ

නිවන් මග පිරිපුන් කළ, මහා ඉසිවර භද්දසේන මහ තෙරණුවෝ ඉසිපතන මහ වෙහෙරෙහි ලලාට ධාතුව වඩා හිඳුවා, වන්දනා පූජා පවත්වා පිරිනිවි සේක.

ඒ ජයසේන තෙරණුවෝ ලලාට ධාතුව ගෙන වේළුවන මහා විහාරයෙහි ශාස්තෘන් වහන්සේ වැඩසිටි

ගඳ කිලියෙහි වඩා හිඳුවා සුවඳ මල් ආදියෙන් පූජා පවත්වා බොහෝ කල් වාසය කොට පිරිනිවන් පාන කල්හී තම ශිෂ්‍ය වර මහාසංඝරක්ඛිත තෙරුන් හට ධාතුන් වහන්සේ භාර දී ධාතුවංශය පවසා අනුපාදිශේෂ පරිනිර්වාණ ධාතුවෙන් පිරිනිවි සේක.

ගහෙත්වාන ධාතුවරං
- ජයසේනෝ මහාමුනි
නිධාය වේළුවනේ රම්මේ
- අකා පූජා මනෝරමං

ජයසේන මහා මුනි තෙමේ උතුම් ලලාට ධාතුන් වහන්සේ ගෙන රම්‍ය වූ වේළුවනයෙහි වඩා හිඳුවා, මනෝරම්‍ය වූ පුද පූජාවන් කෙළේ ය.

ඒ ආයුෂ්මත් සංඝරක්ඛිත තෙරණුවෝ ලලාට ධාතුව ගෙන අහසින් ගොස් කොසඹෑ නුවර ඝෝෂිත සිටු විසින් කරවන ලද ඝෝෂිතාරාමයෙහි භාග්‍යවතුන් වහන්සේ වැඩසිටි ගන්ධ කුටියෙහි වඩා හිඳුවා සුවඳ මල් ආදියෙන් පූජා පවත්වා බොහෝ කල් වාසය කළහ. උන්වහන්සේත් පිරිනිවෙන සමයෙහි තම ශිෂ්‍යවර මහාදේව තෙරුන් කැඳවා ලලාට ධාතුන් වහන්සේ භාර කොට ධාතුවංශය පවසා 'අප්‍රමාදී වව' යි වදාරා අනුපාදිශේෂ පරිනිර්වාණ ධාතුවෙන් පිරිනිවන් පෑ සේක.

සංඝරක්ඛිතව්හයෝ ථේරෝ
- චන්දෝ විය සුපාකටෝ
ඨපෙත්වා ඝෝසිතාරාමේ
- අකා පූජං මනෝරමං

පුන් සඳ සෙයින් ඉතා ප්‍රසිද්ධ ව සිටි සංඝරක්ඛිත නම් තෙරණුවෝ සෝෂිතාරාමයෙහි ධාතූන් වහන්සේ වඩා හිඳුවා මනෝරම්‍ය වූ පුදපූජාවන් කළාහු ය.

ඒ සංඝරක්ඛිත තෙරුන්ගේ සද්ධිවිහාරික මහාදේව තෙරණුවෝ ලලාට ධාතුව රැගෙන දෙවනපෑතිස් මහරජුගේ සොයුරු මහානාග යුවරජු මාගම සේසත් ඔසොවා සිටි කාලයෙහි හත්ථොට්ඨ නම් ජනපදයෙහි කුක්කුට පර්වතය අතරෙහි මහා සල්රුක් සෙවණෙහි අහසින් වැඩම කොට හිඳගත් සේක. එසමයෙහි මහාකාල නම් උපාසක තෙමේ සිය අඹුදරුවන් සමඟ මල් සුවඳවිලවුන්, ධජ පතාක ආදිය ගෙන දවසට තුන් වරක් මහත් පුද පූජා පවත්වමින් බොහෝ කල් වාසය කෙළේ ය. මාසයෙහි අටවක, පසළොස්වක දිනයන්හි ලලාට ධාතුවෙන් සවණක් ඝන බුදුරැස් විහිද ගියේ ය.

එසමයෙහි ලලාට ධාතූන් වැඩසිටි ඒ ප්‍රදේශය බුදුරජුන් ජීවමාන ව වැඩසිටින කලක් මෙන් වූයේ ය. ජනපදවාසී මිනිස්සු තෙරුන් සමීපයෙහි සිල් සමාදන් වෙති. උපෝසථ සිල් රකිති. දන් පුදති. ධාතූන් වහන්සේට මහත් පූජා පවත්වති. එයින් පසු කලෙක මාගම වසන මහානාග යුවරජු 'යමෙක් අපගේ දසබලයන් වහන්සේගේ ධාතු ගෙන මෙහි පැමිණියේ ද, ඔහුට මහත් සම්පත් දෙන්නෙමි' යි අඬ බෙර පැතිරුවේ ය. එකල්හී මහාකාල ගෘහපති තෙමේ 'යුවරජු බැහැදකින්නෙමි' යි ඔහුට සුදුසු තුටු පඬුරු ගෙන රජ දොරටුවෙහි සිට ඒ බව දැනුම් දුන්නේ ය. යුවරජු ඔහු කැඳවූයේ ය. ඔහු ගොස් යුවරජු වැඳ සිටියේ ඒ පුද පඬුරු රාජපුරුෂයින් වෙත පිරිනැමුවේ ය.

"මහාකාල මාමණ්ඩියෙනි, තොපගේ ජනපදයෙහි අපගේ ශාස්තෘන් වහන්සේගේ ධාතූන් වහන්සේ නමක් වැඩසිටින සේක්ද"යි යුවරජු ඇසුවේ ය.

යුවරජුගේ කථාව ඇසූ මහාකාල තෙමේ "වැඩසිටින සේක දේවයන් වහන්ස. මාගේ කුළුපග තෙරුන් වහන්සේ සමීපයෙහි වැඩසිටින කැඩපත් රවුමක ප්‍රමාණ ඇති ශාස්තෘන් වහන්සේගේ ලලාට ධාතූන් වහන්සේ සවණක් බුදුරැසින් අහසෙහි උදා වූ හිරු දහසක්, සඳ දහසක් සෙයින් බබලන සේක. ඒ ජනපදය බුදුරජුන් උපන් කලක් මෙන් වූයේ ය"යි පැවසුවේ ය. ඒ ගෘහපතියාගේ කථාව ඇසීමෙන් ම රජුගේ සකල ශරීරය පස්වණක් ප්‍රීතියෙන් පිරිපුන් ව ගියේ ය. අතිශයින් සොම්නසට පත් රජ තෙමේ "මාගේ මාමණ්ඩිය වූ මහාකාලයන් හට කහවණු ලක්ෂයක් ද, සෛන්ධව අසුන් සතර දෙනෙකු යෙදූ රථයක් ද, රන් අබරණින් සැරසූ එක් අශ්වයෙක් ද, දිය පහසුව ඇති කුඹුරක් ද, දැස්සන් පන්සියයක් ද දෙවු" යි පවසා අන්‍ය වූ තෑගි බෝග ද දුන්නේ ය.

ඒ යුවරජ තෙමේ මෙපමණ දේ ගෘහපතියාට දී එදවසෙහි ම නුවර බෙර හසුරුවා ඇත් අස් රිය වාහන ගෙන මහාකාල කෙළඹියා මගපෙන්වන්නා කොට අනුපිළිවෙලින් හත්ථොට්ඨ ජනපදයට පැමිණ රමණීය බිම් පෙදෙසක කඳවුරු බැඳ, අමාත්‍ය සමූහයා පිරිවරා, කෙළෙඹියා ගෙන තෙරුන් වහන්සේ වසන තැනට ගොස් වැඳ එකත්පස් ව සිටියේ ය. සෙසු ඇමතිවරු ද, කෙළෙඹියා ද, තෙරුන් වැඳ එකත්පස් ව සිටියාහු ය. යුවරජු තෙරුන් වැඳ පිළිසඳර කථා කොට එකත්පස් ව හිඳ ගත්තේ ය. මහාදේව තෙරණුවෝ ත් සතුට උපදවන කථාව කොට,

"මහරජාණෙනි, ඔබ කුමක් නිසා මෙහි පැමිණියෙහි ද? පැමිණි කරුණ මා හට පැවසුව මැනැවැ" යි කීහ.

"ස්වාමීනී, නුඹවහන්සේ සමීපයෙහි අප භාග්‍යවතුන් වහන්සේගේ ලලාට ධාතූන් වහන්සේගේ වැඩසිටින සේක්ලු. එය වන්දනා කරන්නෙමියි පැමිණියෙමි" යි යුවරජු පැවසුවේ ය.

"මහරජාණෙනි, ඔබ විසින් යහපත කරන ලද්දේ ය" යි පවසා ධාතු මැඳුරෙහි දොර විවෘත කොට, "මහරජාණෙනි, බුදුරජුන්ගේ ලලාට ධාතූන් වහන්සේ අති දුර්ලභ වන සේකැ" යි කීහ.

රජ තෙමේ සුවඳ පැන් කළ සොළොසකින් ස්නානය කොට, සියළු රාජාභරණයෙන් සැරසී, උතුරු සළුව ඒකාංශ කොට දෑත් ඇඳිලි බැඳ වන්දනා කරමින් සිටගත්තේ ය. බුද්ධාලම්භන ප්‍රීතියෙන් සකල ශරීරය පැතිර ගියේ ය. ප්‍රීති වේගයෙන් යුතු රජ තෙමේ මේ ගාථාවන් පැවසුවේ ය.

නමාමි වීර පාදේ තේ
- චක්කංකිත තලේ සුභේ
වන්දිතේ නරදේවේහි
- අමතං දේහි වන්දිතේ

වීරයන් වහන්ස, මුඹවහන්සේගේ සොඳුරු
සක් ලකුණින් යුතු සිරිපාද පද්මයන් වඳිමි.
දෙව් මිනිසුන් විසින් වන්දනා කරන කල්හී
අමා නිවන් දෙන සේක.

ලෝකනාථ තුවං ඒකෝ
- සරණං සබ්බපාණිනං

ලෝකේ තයා සමෝ නත්ථි
- තාරෙහි ජනතං බහුං

ලොවට එකම පිළිසරණ බුදුවහන්සේ ය. සියළු ප්‍රාණීන්ට සරණ බුදුවහන්සේ ය. බුදුවහන්සේ හා සමවූවෙක් ලොවෙහි නැත්තේ ය. බොහෝ ජනයා සසරෙන් එතෙර කළ සේක.

මහණ්ණවේ මයං භන්තේ
- නිමුග්ගා දීඝසම්භවේ
අප්පතිස්සා අප්පතිට්ඨා
- සංසරාම චිරං තහිං

ස්වාමීනී, අපි දිගු ගමනක් ඇති සසර මහා සයුරෙහි ගිලී සිටිමු. රැකවරණ නැති ව, පිහිට නැති ව, බොහෝ කලක් එහි සැරිසරමු.

ඒතරහි තුම්හේ ආපජ්ජ
- පතිට්ඨං අධිගච්ඡරේ
තුම්හාකං වන්දනං කත්වා
- උත්තිණ්ණම්හ භවණ්ණවා'ති

මෙකල්හී බුදුවහන්සේගේ වැඩමවීමෙන් පිහිටක් ලබා ගත්තෙමු. බුදුවහන්සේට වන්දනා කොට භව සයුරෙන් එතෙර වුණෙමු.

එකෙණෙහි ලලාට ධාතූන් වහන්සේගෙන් රැස් විහිදී ගියේ ය. මුළු ලක්දිව රන්රස ධාරාවෙන් සැරසුණු කලක් මෙන් වූයේ ය. මහත් ප්‍රීති සොම්නසක් උපන්නේ

ය. රජ තෙමේ මහත් සතුටට පත් ව තුටුපහටු වූයේ ය. ඒ රජු ධාතු සරයෙන් නික්ම තෙරුන් වහන්සේ සමඟ සරසන ලද මණ්ඩපයෙහි එකත්පස්ව හිඳගත්තේ ය. එකත්පස් ව හිඳ මෙය පැවසුවේ ය.

"ස්වාමීනී, මේ ලලාට ධාතුන් වහන්සේ මා හට දෙනු මැනැව. මහත් වූ පූජා සත්කාර පවත්වා පරිහරණය කරමි."

"යහපති මහරජාණෙනි, මේ ධාතූන් වහන්සේ පිළිබඳ ව සම්මා සම්බුදුරජාණෝ ජීවමාන ව වැඩසිටියදී ම අනාවැකියක් වදාළ සේක. ඔබගේ වංශයෙහි උපදින කාවන්තිස්ස නම් රජෙක් මේ දිවයිනෙහි මහවැලි ගඟෙහි දකුණු ඉවුරු පෙදෙසෙහි සේරු නම් විල කෙළවර වරාහ නම් ගල් පොකුණ මත පිහිටුවා මහත් වූ ස්ථූපයක් කරන්නේ යැයි වදාරා ශාස්තෘන් වහන්සේ සෑ පිහිටන බිමෙහි නිරෝධ සමාපත්තියට සමවැද පන්සියයක් රහතුන් පිරිවරා එතැන තුන් විටක් පැදකුණු කොට වැඩි සේක. එහෙයින් මහරජාණෙනි, ගත මැනැවැ" යි ධාතූන් වහන්සේ දුන්නාහු ය.

රජතෙමේ ධාතූන් වහන්සේ සතර පළඟක් මත කරඬුවක වඩා හිඳුවා එය කුමුදු පත් වැනි මංගල සෛන්ධව අසුන් යෙදූ රථයෙහි තැන්පත් කොට හාත්පස රැකවල් සදා, පසඟ තුරුගොස පවත්වමින් ජන සමූහයා පසුපසින් පැමිණෙත්වා යි මහාජනයාට විධාන කොට මහාදේව තෙරුන් සමීපයට ගොස්,

"ස්වාමීනී, නුඹවහන්සේලා ධාතූන් වහන්සේගේ උපස්ථානයට වැඩිය මැනැවැ" යි කීවේය. තෙරණුවෝ රජුගේ වචනය අසා,

"මහරජාණෙනි, මේ ධාතූන් වහන්සේ අප සඟ පරපුරෙන් වැඩි සේක. මම භාග්‍යවතුන් වහන්සේගේ ධර්ම භාණ්ඩාගාරික අනඳ මහතෙරුන් සෙයින් මෙම ධාතූන් වහන්සේ පරිහරණය කරන්නෙමි" යි පවසා ප්‍රත්‍යදායක කෙළෙඹියාට ත් පවසා පා සිවුරු ගෙන ධාතූන් වහන්සේට උපස්ථාන කෙරෙමින් පසුපසින් වඩින සේක.

රජතෙමේ ධාතූන් වහන්සේ වැඩමවා ගෙන අනුපිළිවෙලින් මාගමට පැමිණියේ ය. මහාසේනගුත්ත කැඳවා නගරය සරසාලව යි පැවසුවේ ය. ඔහු නගරයෙහි බෙර හසුරුවා වීදි දහඅට අමදිත්වා! පුන් කලස් තබත්වා! ධජපතාක ඔසොවත්වා! තොරණ් බඳිත්වා! පස් පැහැයෙන් යුතු මල් විසිරුවත්වා! සියළු නගරය අලංකාර කෙරෙත්වා! සුවඳ මල් ආදිය ගෙන ඒකාංශ කොට සුදුවත් පොරොවාගෙන සියළු නගරවාසීහු පෙරමගට පැමිණෙත්වා යි අණ කෙළේ ය.

ඉක්බිති මහා ජන සමූහයා සියළු තුරුගොස පවත්වමින් සුවඳ මල් ගත් අතින් යුතුව පෙරමග බලා නික්මුණාහු ය. දෙව් මිනිස්, භික්ෂු, භික්ෂුණී, උපාසක, උපාසිකා පිරිස අපමණ වූහ. පිරිස දහස් ගණන් මල් මාලා දැමූහ. සුවඳ සුළඟින් කැළඹී ගිය මහා සයුර සෙයින් මුළු නුවර ඒක නින්නාද හටගත්තේ ය.

ඒ රජතෙමේ සිරගෙයි හුන් සියළු සත්වයෝ සිර දඬුවමින් නිදහස් කරත්වා! දැහැමින් සෙමින් රජ අණ ඉටු කරත්වා! යි පවසා ධාතූන් වහන්සේ වැඩමවා ගෙන සිය නුවරට පිවිස, සිය රජමාලිගයට පැමිණ ධාතූන් වහන්සේ වඩිත්වා යි නාටක ස්ත්‍රීන්ට දැනුම් දුන්නේ ය. නාටක ස්ත්‍රීහු නා නා බරණින් සැරසී රජ ගෙයින් නික්ම ධාතූන්

වහන්සේ වන්දනා කොට තම තම අතින් ගත් තූර්ය භාණ්ඩ මැනැවින් වයා මහත් පූජාවක් කළාහු ය.

ඉක්බිති වඩුවන් කැඳවා රජ මැදුරට ඉතා දුර නොවූ, ඉතා ළඟ නොවූ මනා බිම් පෙදෙසක ධාතු ඝරයක් කරවා, මල්කම් ලියකම් කරවා, ධාතු ගෙයි විචිත්‍ර මණ්ඩපයක් කරවා සප්ත රත්නයෙන් කරඬුවක් කරවා, එහි ධාතූන් වහන්සේ වඩා හිඳුවා, මැණික් පළඟක් මත ධාතු කරඬුව තබා, ඉහලින් විචිත්‍ර වූ වියන් බැඳ, වටතිර ඇද, මහත් පිරිවරින් යුතුව, මහත් වූ ධාතු පූජාවක් කෙළේ ය.

ධාතූන් වහන්සේගෙන් රැස් විහිදෙන්නට පටන් ගත්තේ ය. මහා ජනයෝ විස්මයට පත්ව සාධුකාර දුන්නාහු ය. සතුටට පත් සියළු නගරවාසීහු බුද්ධාලම්බණ ප්‍රීතියෙන් යුක්ත ව දිනපතා ධාතූන් වහන්සේට මහත් පූජා පවත්වමින් කල්ගත කළාහු ය. ඔවුහු පන්සිල් රකිත්. 'බුදුරජුන් මගේ ය. ධර්මය මගේ ය. සංඝයා මගේ ය' සලකා සරණ යත්. රජු මහජනයාට අවවාද කරයි.

"මෛත්‍රී භාවනාව වඩව්. කරුණා භාවනා, මුදිතා භාවනා, උපේක්ෂා භාවනා වඩව්. මව්පිය ගුරුවර ආදී කුලදෙටුවන්ට උවටැන් කරව්" වශයෙන් ඔවදන් දී භික්ෂු සංඝයාට ද, ගංගාවෙහි සැඩ පහර පවතින කලෙක මෙන් සිව්පසයෙන් මහාදන් පැවැත්වීය. මව්පියන්ට උවටැන් කොට, භික්ෂු සංඝයාට සංග්‍රහ කෙළේ ය. මහාජනයෝ රජුගේ අවවාදයේ පිහිටා දානාදී පින් කොට එසමයෙහි බොහෝ සෙයින් කළුරිය කොට දෙව්ලොව ගියාහු ය.

කල්‍යාණමග්ගම්හි පතිට්ඨිතා ජනා
දානාදි පුඤ්ඤානි කරිත්ව සබ්බදා

චුතා චුතා සබ්බජනා සුමානසා
ගතා අසේසං සුගතිං සුභේ රතා

කල්‍යාණ ප්‍රතිපදාවෙහි පිහිටි ජනයෝ
හැමකල්හි දානාදී පින්කොට සතුටු සිතින්
යුතුව මියයන මියයන සියළු ජනයෝ ඉතිරි
නැතිව සොඳුරු දෙව්ලොව ඇලී ගියාහු ය.

රජතෙමේ ධාතූන් වහන්සේට මහත් පූජා පවත්වමින් මාගම විසුවේ ය. ඔහු විසින් පිහිටුවන ලද විහාරයන් ගැන කිව යුත්තේ ය. ලෙන් විහාරය, සඳගිරි විහාරය, කෙළපව් විහාරය, නගරංගණ විහාරය, සෙල් විහාරය, තලාක විහාරය ආදී විහාර කරවා ත්‍රිපිටක මහා අරිට්ඨ තෙරුන්ට අතපැන් වඩා මහා විහාරයන් පවරා දුන්නේ ය. ඒ රජු දිවි ඇති තෙක් ධාතූන් වහන්සේට පූජා පවත්වා අවසන් කළ මරණ මඤ්චකයෙහි වැදහොත්තේ තම පුත් යටාලතිස්ස කුමරු කැඳවා "දරුව, තිස්සයෙනි, අප විසින් පුදන ලද්දා වූ ලලාට ධාතූන් වහන්සේට පූජා පවත්වව" යි ධාතු වංශය පවසා පුත් කුමරුට අනුශාසනා කොට, කළුරිය කොට දෙව් පුරයට ගියේ ය.

රාජා මහානාගවරෝ යසස්සී
කත්වාපි රජ්ජං මතිමා සුසද්ධෝ
මානෙත්ව සංඝං චතුපච්චයේහි
අගා අසෝකෝ වරදේවලෝකං

යස පිරිවර ඇති උතුම් මහානාග රජු
නුවණින් හා මනා ශ්‍රද්ධාවෙන් රාජ්‍ය
කොට, සිව්පසයෙන් සංඝයා පුදා ශෝක
රහිත වූයේ, උතුම් දෙව්ලොව ගියේ ය.

මහානාග රජුගේ පුත් යටාලතිස්ස කුමරු පිය රජු ඇවෑමෙන් පියා පැවසූ අයුරින් ම ධාතූන් වහන්සේට මහත් පූජාවන් කෙළේ ය. ඔහු ත් දවසට තුන් වරක් ධාතු උපස්ථාන කරමින් රාජ්‍ය කොට බොහෝ කල් විසී ය. මේ යටාලතිස්ස රජු විසිනුත් පිහිටුවන ලද විහාරයන් ගැන කිව යුත්තේ ය. ධම්මසාල විහාරය, මහාධම්මසාල විහාරය, සේලාභය විහාරය ආදී විහාරයන් පිහිටුවා ත්‍රිපිටක මහා අරිට්ඨ තෙරුන්ගේ ශිෂ්‍ය වූ මහානාග යුවරජුගේ සීයා කෙනෙකු වූ ත්‍රිපිටක මහා අභය නම් තෙර නමක් සිටියේ ය. ඒ තෙරුන්ට අතපැන් වඩා එම විහාරයන් දුන්නේ ය. ඒ රජු ද දිවි ඇති තෙක් ධාතු පූජාව පවත්වා, අවසන් කල මරණ මඤ්චකයෙහි වැදහොත්තේ සිය පුත් ගෝඨාභය කුමරු කැඳවා ධාතූන් වහන්සේට මහත් වූ පූජා පවත්වමින් 'අප්‍රමාදී වව' යි පවසා ධාතුවංශය කියා කළුරිය කොට දෙව්ලොව උපන්නේ ය.

යට්ඨාලකෝ නාම මහාමහීපති
මහාජනස්සත්ථකරෝ ගුණාලයෝ
සෝ ධාතුපූජං විපුලං අනේකධා
කත්වා ගතෝ දේවපුරං අනින්දිතෝ

යටාලතිස්ස නම් මහරජ තෙමේ බොහෝ ගුණධර්ම ඇති ව මහජනයා හට යහපත සළසන්නේ, හේ නොයෙක් අයුරින් විපුල වූ ධාතු පූජාව කොට නින්දා රහිත වූයේ දෙව්පුරයට ගියේ ය.

ඔහුගේ පුත් ගෝඨාභය කුමරු පිය රජු ඇවෑමෙන් පියා පැවසූ අයුරින් ම ධාතූන් වහන්සේට මහත් වූ පූජාවන් කොට ගෝඨාභය මහරජු බවට පත්ව රාජ්‍යය කරමින් කතරගම දසබෑ රජුන් මරවා, එයට දඬුවම්

ලෙස හත්ථොට්ඨ ජනපදයෙහි වැඩවසන ගෝඨාභය මහතෙරුන්ට මත්තික ලෙන් විහාරය, බීරසාල විහාරය, නාගමහා විහාරය, කුම්භසේන විහාරය, චේතියපබ්බත විහාරය, සානු පබ්බත විහාරය, කණිකාර සේල විහාරය, අම්බසේල විහාරය, තින්දුක ලෙන් විහාරය, කරණ්ඩක විහාරය, ගෝධසාල විහාරය, වාලුකතිත්ථ විහාරය ආදී ගඟෙන් එතෙර මෙතෙර විහාර පන්සියය බැගින් විහාර දහසක් කරවා තමගේ නම හා සමාන වූ ගෝඨාභය තෙරුන්ට අතපැන් වඩා පිදීය. ඔහු දිවි ඇති තෙක් ධාතු පූජාව පවත්වා අවසන් කළ මරණමඤ්චකයෙහි වැදහොත්තේ, සිය පුත් කාවන්තිස්ස කුමරු කැඳවා වැළඳගෙන, "දරුව, තිස්සයෙනි, මේ ලලාට ධාතුන් වහන්සේ අප පිය පරපුරෙන් වැඩි සේක. ඔබ ධාතුන් වහන්සේ ගෙන මහවැලි ගඟෙහි දකුණු ඉවුරු පස සේරු නම් විල කෙළවර වරාහ නම් ගල් පොකුණ මත වඩා හිඳුවා සංඝාරාමයක් කරවන්නේලු යි ශාස්තෘන් වහන්සේ දිවමන් කල අනාවැකියක් වදාළ සේක. එහෙයින් ඔබ මේ ධාතුන් වහන්සේ ගෙන මාගේ ඇවෑමෙන් එම ස්ථානයෙහි පිහිටුවන්නැ"යි පුත් කුමරුට අනුශාසනා කොට, කළුරිය කොට දෙව්ලොව උපන්නේ ය.

ගෝඨාභයෝ නාම මහීපතිස්සරෝ
මහාජනේ තෝසයි අප්පමත්තෝ
සෝ ධාතුපූජං විපුලං කරිත්වා
අගා අසෝකෝ වරදේවලෝකං

ගෝඨාභය නම් මිහිපල් රජ තෙමේ නොපමාව මහාජනයා සතුටු කළේ ය. හේ මහත් සේ ධාතු පූජාව කොට ශෝක රහිත වූයේ උතුම් දෙව්ලොව ගියේ ය.

මහානන්දෝ මහා පඤ්ඤෝ
- චන්දගුත්තෝ බහුස්සුතෝ
භද්දසේනෝ මහාථේරෝ
- භද්දධම්මේ විසාරදෝ

මහා ප්‍රාඥ වූ මහා නන්ද තෙරණුවෝ ය, බහුශ්‍රුත වූ චන්දගුප්ත තෙරණුවෝ ය, සොඳුරු ධර්මයෙහි විශාරද වූ භද්දසේන තෙරණුවෝ ය,

ජයසේනෝ ච සෝ වීරෝ
- ථේරෝ සෝ සංඝරක්ඛිතෝ
දේවත්ථේරෝ ච මේධාවී
- රක්ඛකා ධාතු භද්දකා

ඒ වීර්යයවත් වූ ජයසේන තෙරණුවෝ ද, ඒ සංඝරක්ඛිත තෙරණුවෝ ද, නුවණැති මහාදේව තෙරණුවෝ ද, ලලාට ධාතූන් වහන්සේගේ සොඳුරු වූ මුර දේවතාවෝ ය.

උපරාජා මහානාගෝ
- යට්ඨාලකෝ මහාබලෝ
ගෝඨාභයෝ මහාපුඤ්ඤෝ
- කාකවණ්ණෝ ච විරියවා

මහානාග යුවරාජයා ද, මහ බලැති යටාලතිස්ස රජු ද, මහා පිනැති ගෝඨාභය රජු ද, වීරියවත් කාවන්තිස්ස රජු ද,

ඒතේ ථේරා ච රාජානෝ
- පුඤ්ඤවන්තෝ සුමානසා

ධාතු පරම්පරානීතා
- ධාතා ධාතුසුකෝවිදා

මේ රහත් තෙරුන් වහන්සේලා ද, රජවරු
ද, පින් ඇත්තාහු ය. සුපහන් සිත් ඇත්තා
වූ ධාතු පරපුර රැගෙන ආවාහු ය. ධාතුන්
වහන්සේ පිළිබඳ දක්ෂ ව ධාතුවංශය දරා
ගත්තාහු ය.

කස්සපාදීනථේරානං
- පරම්පරායමාගතා
මහානාගාදි හත්ථතෝ
- යාව තිස්සමුපාගතා

මහා කස්සප තෙරිඳුන් ආදී තෙරවරුන්ගේ
පරපුරෙන් වැඩම කොට වදාළ ලලාට
ධාතුන් වහන්සේ ඉන්පසු මහානාග රජුන්
අතින් කාවන්තිස්ස රජු දක්වා පරපුරෙන්
වැඩි සේක.

මෙසේ ආර්ය ජනප්‍රසාදය පිණිස කරන ලද
ධාතුවංශයෙහි ධාතු පරම්පරා කථාව නම් වූ
තුන්වෙනි පරිච්ඡේදය නිමා විය.

4.

ඒ ඒ තොරතුරු පිළිබඳ කථාව

මෙතැන් සිට කාවන්තිස්ස රජුගේ උත්පත්ති කථාව කිව යුත්තේ ය.

අපගේ ශාස්තෘන් වහන්සේ ගේ අභිසම්බෝධියට ඉතා පෙර ම මහාමලය රටෙහි මෙතෙමේ වනයෙහි හැසිරෙන්නෙකුට දාව ඔහුගේ බිරිඳගේ කුසෙහි පිළිසිඳ ගත්තේ ය. මාසය නවය හමාරක් අවසානයෙහි මව්කුසින් නික්ම ක්‍රමයෙන් වැඩෙමින් නුවණැති බවට පත්වූයේ ය. ඔහුගේ පියා එක් දැරියක් ගෙනවුත් පුතුට බිරිඳ කොට ගෙයි තැබුවේ ය. පසු කලෙක ඔහුගේ පියා කළුරිය කළේ ය. කුමාරයා ත් 'හැසිරෙන්නා' යි අරුතින් චරක නමින් ප්‍රසිද්ධ විය. ඔහු එතැන් පටන් පසේ බුදුකෙනෙකුන් වහන්සේට උවටැන් කෙරුවේ ය. චරක තෙමේ තම ගෙවත්තේ කෙසෙල්, කොස් ආදිය සිටුවා එලබර උයනක් කෙළේ ය. එයින් පසු කලෙක සිටුවන ලද කොස් ගසෙහි මහත් සැළියක් පමණ කොස් ගෙඩියක් හටගත්තේ ය.

චරක තෙමේ සිය ගෙවත්තට ගොස් ගසේ අත්තක හොඳින් ඉදී ගිය කොස් ගෙඩිය දැක සිඳ ගෙට ගෙනැවිත්

නැට්ටෙන් එල්ලා වහල්ල ඉවත් කෙළේ ය. එයින් හාත්පස චතුමධුර සෙයින් යුෂ වැගිරී වහල්ලෙහි තිබූ වලවල් පිරී ගියේ ය. එවිට චරක තෙමේ මෙසේ සිතුවේ ය.

"මේ වැලගෙඩිය අපගේ පසේ බුදුරජුන්ට විනා අන් කෙනෙකුට සුදුසු නොවෙයි" යි තැන්පත් කොට තැබුවේ ය.

පසුදින පසේ බුදුන් වහන්සේ ගල් ලෙනින් නික්ම සිරුර පිළිදැගුම් කොට මනා රත් පැහැ ලා දල්ලක් බඳු අඳන සිවුර පිරිමඬුලු කොට හැඳ උතුම්, ඝන, මහා පාංශුකූල සිවුර පොරොවා නිල්බමර පැහැගත් පාත්‍රය අතින් ගෙන අහසින් වැඩම කොට ඔහුගේ නිවසෙහි දොරකඩ වැඩ සිටියෝ ය. චරක තෙමේ ගෙයින් නික්ම උන්වහන්සේට වැඳ අතින් පාත්‍රය ගෙන ගෙට පිවිස පුටුවෙහි වඩා හිඳුවා තමා තැබූ තැනින් වැලගෙඩිය ගෙන පාත්‍රයට යුෂ පුරවා පිළිගැන්වීය. පසේ බුදුන් වහන්සේ එය වළඳා අහසින් තමන් වසන තැනට වැඩියෝ ය. එක් දිනක් චරක තෙමේ පිට පෙදෙසකට යන්නේ බිරිඳ කැඳවා, "මැණියෙනි, ආර්යයන් වහන්සේට අප්‍රමාදී ව දන් දෙව" යි සියළු අඩුවැඩිය සළසා දී පිට පෙදෙසකට ගියේ ය. පසුදින පසේ බුදුරජාණෝ ලෙනින් නික්ම සිවුරු පොරොවා පාත්‍රය ගෙන අහසින් වැඩම කොට ගෙයි දොරකඩ බැස සිටි සේක. එකෙණෙහි චරකගේ බිරිඳ ගෙයින් නික්ම පසේ බුදුරජුන්ගේ අතින් පාත්‍රය ගෙන ගෙයි වඩා හිඳුවා දන් පිළිගැන්නුවා ය.

උන්වහන්සේ විසින් දන් වළඳා නිම වූ කල්හී ඇය තරුණ පසේ බුදුරජුන් දැක කෙලෙස් සහිත වූ සිතක් උපදවාගෙන පසේ බුදුරජුන්ට තම අදහස පැවසුවා

ය. පසේ බුදුරජාණෝ ඇයගේ වචනය අසා පිළිකුල හටගැනීමෙන් අහසින් තමන් වසන තැනට ම වැඩි සේක. ඇය පසේ බුදුරජුන් වැඩිකල්හි තම සිරුරෙහි තෙල් තවරාගෙන කෝලාහල කළ එකියක මෙන් කෙඳිරි ගාමින් වැදහොත්තා ය. පිට ප්‍රදේශයට ගොස් පැමිණි චරක තෙමේ නිදා සිටින බිරිඳ ඇමතුවේ ය. "සොඳුරිය, කිම ආර්යයන් වහන්සේට දන් පිළිගැන්නුවේ ද?"

ඇය කෙඳිරි ගාමින්, "ඔබගේ ආර්යයන් වහන්සේ කටයුතු ගැන අසන්නට එපා" යි කීවා ය.

"පවසව, සොඳුරිය, ඔහු විසින් කුමක් කරන ලද්දේද?"

"ඔහු තමා සමඟ කෙලෙස් සහගත කටයුත්තක් කරන්නට වෑයම් කොට මා විසින් එයට අයුතු දෙයකි' යි කී කල්හී මාගේ කෙස් වැටියෙන් ගෙන අත්පාවලින් පහරදී සිරුර නියෙන් සූරා හිසට පහර දී ගියේ ය" යි කී කල්හී එය ඇසූ චරක තෙමේ ඉවසිය නොහැකි ව මා විසින් පෝෂණය කරන ලද්දේ මෙබඳු අශ්‍රමණ කටයුතු කරන්නෙකුද'යි පවසා ඒ ශෝකය දුරු කොට දුන්න ගෙන තියුණු ඊයක් ගෙන මොහු මරා එන්නෙමි' යි කියා පසේ බුදුරජුන් වසන තැනට ගියේ ය.

එසමයෙහි පසේ බුදුරජාණෝ ස්නානය පිණිස වැඩි සේක. වැඩම කොට ඉණ බඳින පටිය අහසෙහි සිවුරු වැලක් සේ කොට අඳනය, පොරවන සිවුර එහි තබා දිය සළුව හැඳ දිය මත අහසෙහි හිඳ නහන්නට පටන් ගත් සේක. චරක තෙමේ පසේ බුදුරජුන් ගුරුගෞරව සහිත ව දකිමින් පඳුරක් තුළට වී සැඟ වී සිටියේ ය. සිට මෙබඳු ආශ්චර්යය දක මෙසේ සිතුවේ ය. "මෙතුමාණෝ

එබඳු දෙයක් නොකරන සේක. ඒකාන්තයෙන් ම මෙය බොරුවකි. මම ඇගේ වචනය ගෙන මෙබඳු වූ ශ්‍රමණයන් වහන්සේට නිකරුණෙහි වරදක් කෙළෙමි. මුන්වහන්සේ එබන්දක් නොකරන සේකැ"යි සිතා පසේ බුදුරජුන් ස්නානය කොට වැඩි කල්හී ගොස් පා මත වැඳ වැටී 'ආර්යයන් වහන්ස, මට සමාවනු මැනැවැ' යි පැවසුවේය.

"උපාසකය, කුමක් කියන්නෙහිද" යි පසේ බුදුරජාණෝ අසා වදාළහ. ඔහු සිය බිරිඳගේ කථාව පැවසුවේ ය. "මෙසේ ඇති කල්හී උපාසකය, පැමිණි කාරණය අවසානයක් කොට යන්නට වටනේ ය" යි වදාළහ.

"ස්වාමීනී, එසේ නොවදාළ මැනැව. මම මෝඩකම නිසාවෙන් ඇගේ වචනය පිළිගෙන නුඹවහන්සේට නිකරුණේ නපුරක් කරන්නට පැමිණියෙමි" යි තමන් සිතූ සියල්ල පැවසුවේ ය.

පසේ බුදුරජාණෝ "එසේය, උපාසකය, ඇය තමන් සමඟ අසද්ධර්ම ප්‍රතිසංයුත්ත කථාවක් කළාය" යි වදාළහ. ඔහු ඇයගේ වචනයෙන් කිපී, මම මෙකරුණ නිසා මුන්වහන්සේට වරදක් කළෙමි. ගිහින් ඇය මරන්නෙමි" යි පසේ බුදුන් වහන්සේට පසඟ පිහිටුවා වැඳ නික්මුණේ ය. එවිට පසේ බුදුරජාණෝ "ස්ත්‍රිය නොමරව" යි නොයෙක් අයුරින් දහම් කරුණු වදාරා, පන්සිල්හි පිහිටුවා ඔහුට ධර්මය දේශනා කරමින් මෙම ගාථා රත්නය වදාළහ.

යෝ අප්පදුට්ඨස්ස නරස්ස දුස්සති
සුද්ධස්ස පෝසස්ස අනංගණස්ස
තමේව බාලං පච්චේති පාපං
සුඛුමෝ රජෝ පටිවාතංව ඛිත්තෝ' ති

යමෙක් දුෂ්ට සිත් නැති මනුෂ්‍යයෙකු කෙරෙහි සිත දූෂ්‍ය කරගනියි ද, කෙලෙස් රහිත පිරිසිදු පුරුෂයෙකු කෙරෙහි සිත දූෂ්‍ය කරගනියි ද, එම පාපය ම අසත්පුරුෂයා කරා හැරී එයි. තමා වෙත එන සුළඟට දැමූ සියුම් දූහුවිල්ලක් තමා කරා එන්නාක් මෙනි.

චරක තෙමේ උන්වහන්සේගේ ධර්ම දේශනාව අසා පහන් සිතින් යුතුව පසඟ පිහිටුවා වැඳ ගෙට ගොස් ඇය සමඟ සමගි ව වාසය කොට එතැන් පටන් දිවි ඇති තෙක් පසේ බුදුරජුන්ට සිවුරු, පිණ්ඩපාත, සේනාසන, ගිලන්පස, බෙහෙත් පිරිකර ආදියෙන් උපස්ථාන කෙළේ ය. ඒ පසේ බුදුරජාණෝ ඒ ලෙනෙහි ම වැඩවසන සේක්, පසුකාලයෙහි අනුපාදිශේෂ පරිනිර්වාණ ධාතුවෙන් පිරිනිවි සේක.

සයම්භූඤාණේන විගය්හ ධම්මං
දුක්ඛං අනන්තං සකලං පහාය
සමාධිඣානාභිරතෝ යසස්සී
ගතෝ විනාසං පවරෝ යසස්සී

තමන් වහන්සේ තුළින් ම උපදවා ගත් නුවණින් චතුරාර්ය සත්‍යය ධර්මය අවබෝධ කොට අනන්ත වූ සියළු දුක් ප්‍රහාණය කොට යසස් ඇති ව, සමාධි ධ්‍යානයන්හි ඇලී වසන සේක්, උතුම් යසස්වී පසේ බුදුරජාණෝ අනිත්‍යය බවට පත්වූ සේක.

ඉක්බිති පසු කලෙක චරක තෙමේ කළුරිය කොට

දෙව්ලොව උපන්නේ ය. එහි බොහෝ කල් දිව්‍ය සම්පත් අනුභව කොට දෙව්ලොවින් චුත ව මේ දිවයිනෙහි මලය රටෙහි අමරුප්පල ලෙනට ආසන්න තැනක උපචරක නැමැත්තාගේ පුතු වී උපන්නේ ය. ඔහු නවමසකට වැඩි අඩමසක් ඇවෑමෙන් මව්කුසින් නික්මුණේ ය. ඔහුට නම් තබන දිනයේ ඥාතීහු අමරුප්පල කුමාරයා යැයි නම් තැබූහ. ඔහු පසු කලෙක වැඩෙන්නේ දරුවන් සමඟ ක්‍රීඩා කරන්නේ, කොළ වලින් කළ ගොටුවෙන් වැලිබත් පිස මේ ශ්‍රමණයන් වහන්සේලා යි දරුවන් පෙළට වාඩි කරවා 'දන් දෙන්නෙමි' යි කියා සෙල්ලම් බත් පුදයි. එක් දිනක් අමරුප්පල කුමරු වැලි සෑයක් තනා තමන් හැඳිවත ගෙන කුඩා දණ්ඩක බැඳ කොඩියක් කොට පුදනු පිණිස තැබීය. අමරුප්පල ලෙන්වැසි මලියදේව තෙරුන් ඇසුරු කොට දානාදී පින් කොට එයින් චුතව මේ දිවයිනෙහි ම මාගම ගෝඨාභය මහරජුගේ අගමෙහෙසියගේ කුසෙහි පිළිසිඳගත්තේ ය. ඔහු නව මසකට වැඩි අඩමසක් ඇවෑමෙන් මව් කුසින් නික්මුණේ ය. ඔහුට නම් තබන දවසෙහි කාවන්තිස්ස යන නම තැබූහ. ඔහු අනුපිළිවෙලින් වැඩී පිය රජු ඇවෑමෙන් ඡත්‍රය නංවා කාවන්තිස්ස මහරජු බවට පත්වූයේ ය.

කාවන්තිස්ස රජුගේ ඡත්‍රය නැංවූ කල්හී මුළු රට ම සරුසාර වූයේ ය. දින පසක් හෝ දහයක් හෝ නොඉක්මවා වැස්ස මනා කොට වසියි. වෙස්සන්තර මහා බෝධිසත්වයන්ගේ දන්හලෙහි යාචකයන්ගේ අතෙහි ඇති බඳුන් පිරී ඇති සෙයින්, එකල වැව් පොකුණු ගංගා දියඇලි දියවල ඉබේ හටගත් විල ආදිය වැසි දියෙන් පිරී තිබුණේ ය. පස් පියුමින් අලංකාර ව නොයෙක් කුරුල්ලන්ගෙන් ගැවසී නා නා රුක්හි මල් පිපී බැබලී

තිබුණේ ය. නා නා ධාන්‍යයෝ හටගත්තාහු ය. උතුරුකුරු දිවයිනෙහි ආලකමන්දා රාජධානිය සෙයින් රන්, රිදී, මැණික් ආදිය පිරී ගිය තැනක් ව තිබුණේ ය.

ශ්‍රද්ධා සම්පන්න වූ ඒ රජු මහා භික්ෂු සංඝයාට අඩු නොකොට සිව්පසය දන් දුන්නේ ය. සඳුන් දෙනෙහි සතපාක නම් තෙල් පුරවා සැට දහසක් පමණ භික්ෂූන් වහන්සේලාගේ පා පිටි තෙමී යන තෙක් එහි බස්සවා, වඩා හිඳුවා, වැල් මී දෑහැටි දඬු චතු මධුර තවරා දුන්නේ ය. උක් දඬු, සකුරු, පොල් එළ, මුල් කඳ ආදී වළඳන දෑ ද, නා නා විධ මත්ස්‍ය මාංශ රසයෙන් යුතු සුවඳැල් සහලින් යුතු කැඳ බත් ද උදෑසන දුන්නේ ය. දහවල් දනට පෙර අටලොස් වැදෑරුම් රස කැවිලි ද, උක් කෙසෙල් වරකා ආදී එල වර්ගද, නා නා විධ ව්‍යංජන සමඟින් සුවඳ ඇල් සහලින් කළ බත් ද, නා නා අග්‍ර රසයෙන් දන් දී සවස් යාමයෙහි අෂ්ට පානයන් ද දන් දුන්නේ ය. අන්‍ය වූ ශ්‍රමණ පිරිකර ද දුන්නේ ය. මේ නයින් භික්ෂු සංඝයාට ද, ත්‍රිපිටකධාරී භික්ෂූන්ට ද නිතර මහ දන් දී වසයි.

ඉක්බිති පසු කලෙක කැලණියෙහි සිව නම් රජු තම බෑණා වූ අභය රාජකුමාරයාට කාවන්තිස්ස රජුගේ නැගණිය වන සෝම දේවී නම් රාජකුමාරිකාව සමඟ ආවාහ මංගල්‍යය කොට ගෙනවුත් පාදපරිචාරිකාව කොට දුන්නේ ය. එසේ කොට අභය කුමරු ගිරි නගරයෙහි පදිංචි කරවූයේ ය.

ඔහු ගිරි නුවර රාජ්‍යය කරවා ගිරි අබා නමින් රජ ව මහත් සම්පත් අනුභව කරමින් වාසය කෙළේ ය. එයින් පසු කලෙක කාවන්තිස්ස මහරජු මාගම වසන්නේ, එක්තරා භික්ෂුවකගේ සිරුරෙහි මකුණන් විදින ලද තැන හටගත් ගෙඩි දැක, "ආර්යයන් වහන්ස, මෙය කුමක් නිසා

වූයේ ද" යි ඇසුවේ ය.

"මහරජාණෙනි. මකුණන් විදින ලද තැන් යැ"යි පැවසුවේ ය. එය අසා සංවේගයට පත් රජු "ස්වාමීනී, මකුණෝ කුමක හට නොගනිත්ද" යි ඇසුවේ ය. "පටසළුවල හට නොගනිති" යි පැවසුවේ ය. "මේ ස්වාමීන් වහන්සේලා පටසළු කොයින් ලබත් ද"යි සිත සිතා පිටත් ව ගියේ ය. එදවසෙහි ම පැන් මළුවෙහි වැඩහුන් ත්‍රිපිටක තිස්ස නම් තෙරණුවෝ රජුට බුදුරජුන්ගේ සිංහනාදය ගැන වදාළ දෙසුම දේශනා කළාහු ය. රජු තෙරුන් කෙරෙහි පැහැදී උතුරු සළුව දෙන්නට සිතා, යළි දුන් විට එක් සළුවක් ඇත්තෙක් වන්නෙමි. එහෙයින් මෙය දෙන්නට නොහැකිය. කෙසේ කරන්නෙම් ද" යි සිතමින් තෙරුන් සමඟ කතා කරමින් ඒ මළුවෙහි ම සිටියේ ය. එකෙණෙහි එක් කපුටෙක් අඹ අතු අතර හිඳ හඬ නගමින් මෙසේ කිව්වේ ය.

"ආර්ය කාවන්තිස්ස මහරජුනි, ඔබට සැක කළ යුත්තක් නම් නැත. පැහැදුණු තැනින් ධර්ම කථිකයන් වහන්සේට උතුරු සළුව දෙනු මැනැව. මහරජුනි, මම තොපට පස් හසුනක් ගෙන ආවෙමි. විහාර දේවිය පුතෙකු වැදුවා ය. මේ එක් හසුනකි. එක් ඇතින්නියක් ශූර වීර ඇත් පැටවෙකු තිත්ථ නම් විල අසල වැදුවා ය. මේ දෙවෙනි හසුන යි. ගොළු මුහුද මැදින් කිසිවෙක් නැති සම්පත් පිරුණු සතක් පමණ නැව් පටුනට පැමිණියහ. මේ තුන්වෙනි හසුන යි. උතුරු වඩ්ඪමාන පර්වතය පාමුල දෙකිරියක් පමණ කෙතෙහි නහඬු තල් කඳක් පමණ රන් කඳක් මතු වී ඇත්තේ ය. මේ සිව්වෙනි හසුනයි. ගිරි පර්වතය පාමුල කෝටරට්ඨක වෙහෙරෙහි කෝටරට්ඨක නම් තෙරණුවෝ මග්ගෝපසම සූත්‍රය වදාරා ගිරි පර්වත මතින් තල් ගස් සතක් පමණ උඩට නැගී අහසෙහි වැඩ

හිඳ පිරිනිවි සේක. මේ පස්වෙනි හසුන යි.

රජු කපුටාගේ වචනය අසා සිනහසුණේ ය. "මහරජාණෙනි, කුමක් හෙයින් සිනහසුණේ ද?" "ස්වාමීනී, මේ අඹ අතු අතර හිඳ හඬ නගන කපුටාගේ කථාව අසා සිනාසුනෙමි" යි සියල්ල සැළ කළේ ය. තෙරුන් වහන්සේ ත් රජුගේ පෙර ආත්මභාවයෙහි කරන ලද කර්මය දැක සිනාසුණේ ය.

"ආර්යයන් වහන්සේ කුමක් හෙයින් හිනැහුණු සේක් ද?"

"මහරජාණෙනි, ඔබගේ මේ ආත්මයට පෙර ආත්ම භාවයෙහි මලය රටෙහි අමරුප්පල නම් කුමාර ව සිටි කල කළ දෙය දැක සිනහ සුණෙමි" යි රජු විසින් අසන ලදු ව ඔහු විසින් කරන ලද කුසල කර්මයන් සියල්ල විස්තර වශයෙන් රජුට වදාළහ. රජු සතුටට පත් ව සිය උතුරු සළුව පුදා, තෙරුන් වැද රජගෙට ගියේ ය. කොට්ඨරට්ඨක වෙහෙරට ගොස් තෙරුන්ගේ සිරුර ආදාහනය කරවා ධාතු ගෙන සෑයක් කරවා මහත් පූජාවක් කොට මාගමට ගියේ ය. රන් ගෙන්වා රාජ භාණ්ඩාගාරයෙහි තැබ්බවීය. ගොළු මුහුදින් පැමිණි නැවෙන් වස්ත්‍ර ගෙන්වා භික්ෂු සංඝයාට සිවුරු පිණිස පූජා කොට මහදන් පවත්වා මාගම සමීපයෙහි විහාරයක් කරවා වසන්නේ තම පුත් ගැමුණු කුමරු කැඳවා, "දරුව, ඔබ ගොස් ගිරි නුවර වසව" යි පවසා කුමරුට පිය තනතුරෙහි ඇමතියෙකු තබා ගිරි නුවරට පිටත් කෙළේ ය. එය දැක ගිරිඅබා කුමරු ගැමුණු කුමරු සමඟ පැමිණි බලසේනාවට වස්ත්‍ර, ආහාර ආදිය දී මහත් සම්මාන කෙළේ ය. රාජකුමාරයා ගිරි පර්වත පාමුළ වාසය කෙළේ ය.

ඉක්බිති පසු කලෙක ජාතිය පිළිබඳ ව රජදරුවන් අතර විවාදයක් හටගත්තේ ය. එවිට ඒ ගිරිඅබා රජු "මට විවාදයන් ගෙන් ඇති ඵලය කිම?" යි තම බිසොව සෝම දේවිය සමඟ සිව්රඟ සේනාව ද රැගෙන අනුක්‍රමයෙන් යන්නේ, සේරු නුවර රාජ්‍යය කරන තම මිත්‍ර සිව රජු සමීපයට ගියේ ය. ඒ සිව රජු ත්, ගිරිඅබා රජු සමඟ පැමිණි බලසේනාවට ත් මහත් සත්කාර කොට අළුත් වස්ත්‍ර, තල සහල් ආදිය ගෙන්වා දුන්නේ ය. කිහිප දිනක් ඇවෑමෙන් "යහළුව, කුමක් නිසා ආවේ ද"යි ඇසුවේ ය. ගිරි අබා රජු පැමිණෙන්නට හේතු වූ කරුණු සියල්ල පැවසුවේ ය.

"හොඳ දෙයකි, යහළුව. ඔබ විසින් කරන ලද්දේ. පැමිණිය යුතු කරුණට ම පැමිණියේ ය. මම ඔබට කළ යුතු කටයුතු දන්නෙමි. ඔබ නොසිතුව මැනැව" යි පවසා ඔහුට වසනු පිණිස නගර භූමියක් සොයන්නේ සේරුවිල කෙළවර අතිරමණීය භූමිභාගය දැක නගරය කරවා දේවිය හා එක සමාන නමක් තබන්නෙමි යි සෝම නුවර යැයි නම් කළේ ය. ඒ සෝම නුවර ධන ධාන්‍යාදී උපකරණ සහිත ව දොරටු, අට්ටාල, වාහල්කඩ, දියඅගල්, පොකුණු ආදියෙන් යුක්තව ඇත්, අස්, රථ, පාබල ආදී බලසෙන් සහිත ව සක් නද, පණා බෙර හඬ, බෙර හඬින් විසිරී පැවතුණු නගරයක් වූයේ ය. ඒ ගිරිඅබා රජු සෝම නගරයෙහි මහත් ඉසුරු සැප විඳිමින් බොහෝ කල් වාසය කෙළේ ය.

ඉක්බිති මෑත භාගයෙහි සෝම දේවිය රජු සමඟ කථා කළා ය. "ආර්යයෙනි, අපගේ පිළිසරණට චෛත්‍යයක් ද, විහාරයක් ද, කරන්නට වටනේ ය."

"ඔබ විසින් පවසන ලද්දේ යහපත් දෙයකි" යි රජ තෙමේ සතුටු ව විහාරයකට සුදුසු බිමක් සොයන්නේ ඉතා දුර නොවූ ත්, ඉතා ළඟ නොවූ ත්, මහත් සල් වනයක් ඇත්තේ යැයි අසා එය දකින්නට ගියේ ය. එකල්හී ඒ සල්වනයෙහි මහා අරිට්ඨ තෙරුන්ගේ සඟ පරපුරෙහි මහා මහින්ද නම් තෙර කෙනෙක් සිටියහ. උන්වහන්සේ සැටක් පමණ භික්ෂූන් ගෙන වාසය කරන සේක. උන්වහන්සේලාගේ ඉරියව්වලට පැහැදුණු රජ තෙමේ තෙරුන්ට මෙසේ පැවසුවේ ය.

"ආර්යයන් වහන්ස, ඔබවහන්සේලාට මේ සල් වනයෙහි විහාරයක් කරන්නෙමි" යි. තෙරුන් වහන්සේ රජුගේ වචනය අසා නිශ්ශබ්ද වීමෙන් ඇරයුම පිළිගත් සේක. සතුටට පත් රජු තෙරුන් වැඳ නුවරට ම ගොස් සෝම දේවිය අමතා,

"සොඳුරී සෝම දේවිය, අපගේ මනෝරථය මුදුන්පත් වූයේ ය. විහාරයකට ඉතා සුදුසු භූමිභාගයක් ලැබුණේ ය. එහි මහින්ද නම් තෙරුන් වහන්සේ නමක් සැටක් පමණ ශ්‍රමණ පිරිසක් සමඟ වැඩවසන සේක. උන්වහන්සේ වැඳ විහාරයක් කරවන බවට ප්‍රතිඥා දී පැමිණියෙමි. එහි විහාරයක් කරන්නෙමි' යි පැවසුවෙමි."

ඕ තොමෝ එය අසා සතුටට පත් ව "ඉතා මැනැවි" යි පිළිවදන් දුන්නා ය.

පසුදින දේවිය සමඟ තෙරුන් සමීපයට ගොස් වැඳ එකත්පස් ව හිඳගත්තේ ය. තෙරුන් වහන්සේ ඔවුන්ට මහා සමය සූත්‍රය වදාළ සේක. ඒ දෙදෙනා ත් ධර්මය අසා සතුටට පත්වූවාහු ය. ඉක්බිති රජු "ආර්යයන් වහන්ස, සෑය පිණිස ධාතු කොයින් ලබන්නෙමු ද" යි

ඇසීය. "මහරජාණෙනි, නොසිතනු මැනැව. ධාතූන් වහන්සේ පිළිබඳ ව අපි දන්නෙමු" යි පැවසූ සේක.

ගිරිඅබා රජු එතැන් පටන් විහාර බිම පිරිසිදු කරවා, කණු කටු ආදිය බැහැර කරවා, බෙර තලයක් සේ රමණීය ලෙස සමතලා කරවා, උළු වඩුවන් කැඳවා උළු ගඩොල් කරවා, චෛත්‍යය තනන්නට පටන් ගත්තේ ය. උළු වඩු තෙමේ චෛත්‍යය බඳින්නේ කිහිප දිනකින් පේසා වළලු තුන සම්පූර්ණ කොට ධාතු ගර්භයෙහි කළ යුතු සියළු කටයුතු නිම කොට රජු හට දැනුම් දුන්නේ ය. රජු ගොස් තෙරුන්ට දැනුම් දුන්නේ ය. "ආර්යයන් වහන්ස, ධාතු ගර්භය නිමවන ලද්දේ යැ" යි.

තෙරුන් වහන්සේ රජුගේ වචනය අසා තමන් වහන්සේ විසින් පුද පූජා පවත්වනු ලබන තථාගතයන් වහන්සේගේ දකුණු දන්ත ධාතුව රජුට දුන් සේක. රජතුමා ධාතූන් වහන්සේ පිළිගෙන සුභ නැකැතින්, සුභ මොහොතින් මහත් පෙරහැරකින් දකුණු දළදා වහන්සේ ධාතු ගර්භයෙහි නිධන් කොට දිය බුබුලක් සේ, කෛලාශ කූටයක් සේ සුදු පැහැයෙන් අති රමණීය චෛත්‍යයක් කරවූයේ ය.

සද්ධාදිගුණසම්පන්නෝ
- ලෝකසාසනරක්ඛකෝ
සචේතියං මහාරාජා
- කාරාපේසි විහාරකං

ශ්‍රද්ධාදී ගුණයෙන් යුක්ත වූ ලෝ සසුන් රකින ගිරිඅබා මහරජ තෙමේ චෛත්‍ය සහිත කොට විහාරයක් කරවූයේ ය.

මහින්ද තෙරුන් සමීපයෙහි සිටි සැටක් පමණ භික්ෂූන්ගේ යහපත පිණිස, සැටක් පමණ පිරිවෙන් කරවා, දොරටු අට්ටාල ප්‍රාකාරයන්ගෙන් අලංකාර කොට විහාරය නිමවා, තම දේවියගේ නමින් සෝමවතී විහාරය යැයි නම් තබා මහින්ද තෙරුන් වහන්සේට අතපැන් වඩා පූජා කොට සුවඳ මලින්, සුවඳ දුමින් පූජා කරන්නේ දවසට තුන් වරක් දළදා වහන්සේට උපස්ථානයට ගොස් දානාදී පින් කරමින් ගිරිඅබා රජු මහත් සම්පත් අනුභව කරමින් සෝම නුවර වාසය කෙළේ ය.

විහාර මහා දේවියගේ සොහොයුරු වූ චූල්ල පිණ්ඩපාතික තිස්ස නම් තෙරුන් වහන්සේ එක් දිනක් කාවන්තිස්ස මහරජුගේ ආයුසංස්කාරයන් බලන සේක්, වැඩි කල් නොපවතින බව දැන පසුදින රජු සමීපයට ගොස් ඔහු සමඟ කතා කළ සේක.

"මහරජාණෙනි, ඔබ පුදනු ලබන ලලාට ධාතූන් වහන්සේ පිළිබඳ ව ශාස්තෘන් වහන්සේ වචනයක් වදාරණ ලද්දේ ය. 'මහවැලි ගඟෙහි දකුණු ඉවුරෙහි සේරු නම් විල කෙළවරෙහි වරාහ නම් ගල් පොකුණ මත අනාගතයෙහි කාවන්තිස්ස නම් මහරජෙක් මාගේ ලලාට ධාතුව පිහිටුවන්නේ යැ' යි වදාරා භාග්‍යවතුන් වහන්සේ ඒ භූමියෙහි නිරෝධ සමාපත්තියට සමවැදී වැඩි සේක. උන්වහන්සේගේ වචනය සිහි කළ මැනැවැ" යි වදාළ සේක.

තෙරුන් වහන්සේගේ වචනය අසා අපගේ කුසල සම්පත්තිය විනාශ නොකොට ආර්යයන් වහන්සේගේ වචනය මත පිහිටා චෛත්‍යය කරවනු පිණිස යා යුත්තේ යැයි සිතා "යහපති ආර්යයන් වහන්සැ" යි තෙරුන්ගේ

වචනයට පිළිවදන් දී තම පුත් ගැමුණු කුමරු ගිරි නුවරින් කැඳවා, මාගම වාසය කරවා, නගරයෙහි බෙර හැසිරෙව්වේ ය.

"මම මහවැලි ගඟ අසබඩ සේරු නම් විල කෙළවර වරාහ නම් ගල් පොකුණ මත චෛත්‍යයක් කරවනු පිණිස යන්නෙමි. සියළු සේනාව ත්, මහා ජනයෝ ත්, මා සමඟ පැමිණෙත්වා" යි පවසා,

රජ තෙමේ චුල්ලපිණ්ඩපාතික තිස්ස තෙරුන් හා තිස්ස මහා විහාරයෙහි සාගල තෙරුන් සමීපයට ද ගොස් "ස්වාමීනී, නුඹවහන්සේලා පන්සියයක් භික්ෂූන් පිරිවරට ගෙන ලලාට ධාතූන් වහන්සේට උපස්ථාන කරමින් මා සමඟින් ම වඩිනු මැනැවැ" යි පවසා යහපත් මාසයක, යහපත් දිනක, සුභ නැකතින්, සුභ මොහොතින් කඳවුරු සරසා ධාතු ගෙයින් ධාතු කරඬුව පිටතට වැඩමවා මැනැවින් සරසන ලද රථයෙහි වඩා හිඳුවා ඒ මත සුදු සේසත් නංවා, රුවන් මණ්ඩපයක් ඉදිරියෙහි කරවා පළමු කොට පත් කරවූයේ ය.

රජ තෙමේ සිය පුතු ගැමුණු කුමරු කැඳවා අනුශාසනා කොට සද්ධාතිස්ස පුත් කුමරු ත්, විහාර මහා දේවිය ත් රැගෙන වහා නික්මුණේ ය. චුල්ල පිණ්ඩපාතික තිස්ස තෙරුන් වහන්සේ ද තම පිරිවර පන්සියයක් භික්ෂූන් ගෙන ලලාට ධාතූන් වහන්සේට උපස්ථාන කරමින් පසු පසින් වැඩි සේක. සියළු සේනාවත්, රජු ත්, භික්ෂු සංඝයාට මහ දන් දී භික්ෂු සංඝයා සමඟ ගොස් දීඝවාපියට පැමිණියාහු ය. එහි සද්ධාතිස්ස කුමාරයා හිඳුවා අනුක්‍රමයෙන් පැමිණ සමන්මල්දම් පිටියෙහි කඳවුරු බැඳ හුන්නාහු ය. එම ස්ථානයට කුමක් හෙයින්

මෙබඳු නමක් ලැබුණේ ද යත්;

සුමන නා රජු සත් දිනක් නාග සම්පත්තියෙහි සතුටින් ඇලී වසන්නේ ලලාට ධාතූන් වහන්සේ සිහි නොකළේ ය. සත් දිනක් ඇවෑමෙන් ලලාට ධාතූන් වහන්සේ සිහි කොට පසු ව ආවර්ජනා කරමින් රජු විසින් ධාතූන් වහන්සේ වඩමවා ගෙන ආ බව දැන, මහත් සොම්නසට පත් ව, මහත් අනුහසින් යුක්ත ව, සය කෝටියක් පමණ වූ සිය නා පිරිවර ගෙන ධාතූන් වහන්සේ වැඩමවන මගට ගොස් ධාතූන් වහන්සේ වඩා හිඳුවන හිඳුවන තන්හි නාභිය වැසෙන පමණ සමන් මල් වරුසාවක් වැස්සවීය. එහෙයින් එතැන සමන්මල්දම් පිටිය යැයි නම උපන්නේ ය.

පසුදින රජ තෙමේ ලලාට ධාතූන් වහන්සේ වැඩමවාගෙන වරාහ නම් ගල් කෙමිය වෙතට පැමිණුණේ ය. ධාතූන් වහන්සේ එතැනට වැඩම කළ විට සුමන නා රජු ත්, රථ රෝදයෙහි නාභිය තෙක් එරෙන්නට සළස්වා නොකරකැවිය හැකි බවට පත් කෙළේ ය. එය දුටු රජු සංවේගයට පත්ව තෙරුන්ගෙන් ඇසුවේ ය.

"මහරජාණෙනි, භය නොවනු මැනැව. ධාතු පිහිටන තැනට පැමිණියේ ය. මේ ස්ථානයෙහි පිහිටන්නේ යැයි වදාළහ.

එය ඇසූ කාවන්තිස්ස රජු 'ධාතු පිහිටන භූමිය මෙය වන්නේ ය' යි සිතා එහි ම සේනාව නවතා එතැන හාත්පස කටු සහිත වනය පිරිසිදු කරවා, භූමි භාගය අති රමණීය ලෙස බෙර ඇසක් සේ සමතලා කරවා, ප්‍රධාන සෙනෙවියන් අමතා 'තෙපි පළමු කොට ධාතූන් වහන්සේ වඩා හිඳුවීම පිණිස ධාතු ඝරයක් කරවා ධාතු ගර්භයක්

පිහිටුවාලව්' යි අණ කළේ ය.

රජ තෙමේ ධාතු මැදුරෙහි ඇතුළත ධාතු ගර්භයෙහි ධාතු කරඬුව වඩා හිඳුවා පිටතින් රැකවල් සංවිධානය කොට, මහත් වූ පූජා විධාන කරවා එම ධාතු ගර්භය සිව් වැදෑරුම් සුවඳ දූයෙන් ආලේප කරවූයේ ය. එකරුණු නිසාවෙන් ඒ ධාතුඝරයට 'මුල් ගඳකිළිය' යන නම ලැබුණේ ය.

ඒ ස්ථානයෙහි බොහෝ දෙනා රැස්වූහ. එහි මහින්ද නම් තෙරුන් වහන්සේ ආගන්තුක භික්ෂූන් වහන්සේලා හට ආගන්තුක වත් කළ සේක. පසුදින රජ තෙමේ වෙහෙරට අවුත් 'ආර්යයන් වහන්සේ සුවසේ විසූ සේක් ද'යි විචාරා සියළු භික්ෂූන්ට නිමන්ත්‍රණය කොට රජ ගෙයි වඩා හිඳුවා කැඳ බත් ආදිය සකසා පුදා, දානයෙන් පසු අනුමෝදනා බණ අසා එකත්පස් ව හුන්නේ ය. එකල්හී මහා ස්ථවිරයන් වහන්සේ අවවාද කරන සේක්, "මහරජාණෙනි, ප්‍රමාදයෙන් වසන්නට නොවටියි. ජීවිතය යනු වැඩි කල් නොපවතින්නකි. ධාතූන් වහන්සේගේ පිහිටුවාලීම නොපමාව කළ මැනැව"යි පවසා මෙම ගාථාව වදාළහ.

"යස්මා හි ජීවිතං නාම
- අප්පං බුබ්බුලකූපමං
තස්මා හි පණ්ඩිතෝ පොසෝ
- කරෙය්‍ය කුසලං සදා' ති

යම් හෙයකින් දිය බුබුලකට උපමා කොට
ඇති ජීවිතය නම් ස්වල්ප කලකින් නැසී
යන්නේ ද, එහෙයින් නුවණැති පුරුෂ

තෙමේ හැම කල්හී කුසල් කරන්නේ ය."

මේ නයින් ධර්ම කථාව වදාරා චුල්ලපිණ්ඩපාතික තිස්ස තෙරණුවෝ ද, සාගල තෙරණුවෝ ද, මහින්ද තෙරණුවෝ ද යන තෙරවරු තුන්දෙනා වහන්සේ තම තම පිරිවර භික්ෂූන් ගෙන ධාතූන් වහන්සේගේ වතට වැඩි සේක.

විපුලයසො පරහිතාවහන්තො
සුජනහිතො ධිතිමා අවීතසද්ධො
සුපරිවුතො මහතියා හි පරිසා
රාජසෙට්ඨො පවරථූපමාරභී'ති

මහත් යසස පිරිවර ඇති, අනුන්ට යහපත සළසා ලන, ජනයා හට මනා හිතැති, නුවණැති, ශ්‍රද්ධාවෙන් වෙන් නොවූ, පිරිවර සහිත වූ, මහත් පිරිවර ඇති, ශ්‍රේෂ්ඨ රජ තෙමේ උතුම් ස්ථූපයෙහි කටයුතු ඇරඹුවේ ය.

මෙසේ ආර්ය ජනප්‍රසාදය පිණිස කරන ලද
ධාතුවංශයෙහි ප්‍රකීර්ණක කථාව නම් වූ
සිව්වෙනි පරිච්ඡේදය නිමා විය.

5.

ධාතු නිධානය පිළිබඳ කථාව

ඉක්බිති සෑ බඳිනු පිණිස සුදුසු භූමි භාගයක් සොයන්නට වටනේ යැයි භූමි භාගයක් විමසා බලන්නේ මංගල සම්මත ගොනුන් අට දෙනෙක් ගෙන්වා සුවඳ පැනින් නහවා අංවල රන් කොපු බහා ගෙලෙහි මල් දම් පළඳවා, යකඩ දම්වැලින් බන්දවා, මෙසේ සිතුවේ ය.

'ඉදින් භාග්‍යවතුන් වහන්සේගේ ලලාට ධාතූන් වහන්සේ යම් තැනක වැඩහිඳ ලොවට යහපත සළසන සේක් ද, පන්දහසක් කල් සසුන පිහිටන්නේ ද, එතැනට ගොන්නු තුමූ ම යකඩ දම්වැලින් මිදී ස්ථූපය පිහිටන තැන හාත්පස හැසිර සිව් දිශාවෙහි නිදත්වා' යි අධිෂ්ඨාන කොට පුරුෂයන්ට අණ කෙළේ ය.

ඔවුහු එසේ ම කළාහු ය. රැය පහන් වූ පසු රජ තෙමේ ගොනුන් අල්ලා ගැනීම පිණිස අදාළ පුරුෂයන්ට අණ කෙළේ ය. ඒ මිනිස්සු ගොස් ගොනුන් නොදැක "දේවයන් වහන්ස, ගොනුන් දකින්නට නැතැ"යි රජුට දැන්වූහ.

"යව්, සගයෙනි, ගොනුන් ගිය තැන විමසා බලව්." ඔවුහු ගොනුන් සොයමින් බැන්ද තැනක් නොදැක ඔවුන්ගේ කුර සටහන් අනුව ගොස් සෑය බඳින තැන හාත්පස හැසිර, සිව් දිශාවෙහි නිදා සිටි ගොනුන් දැක, නිදා සිටි තැනින් නැගිටුවන්නට තගුටෙන් අල්ලා මැඩලූ නමුත් නොහැකි ව ගොස් රජුට දැන්වූහ.

"දේවයන් වහන්ස, ගොන්නු නොනැගිටිති. එක් තැනක හාත්පස හැසිර දිව් දිශාවෙහි නිදා ගත්තාහු ය."

එය ඇසූ රජු සේනාව පිරිවරා තෙමේ ම ගොස් ගොනුන් නැගිටුවන්නට නොහැකි වූ තැන මෙසේ අදිටන් කෙළේ ය.

'ඉදින් මෙම ස්ථානයෙහි ධාතූන් වහන්සේ පිහිටාලිය යුතු වෙයි නම්, ගොන්නු නැගිට යත්වා!'

එසේ සිතූ සැණින් ම ගොන්නු නැගිට පළා ගියාහු ය. රජතෙමේ ඒ ආශ්චර්යය දැක පැහැදීමට පත් ව, පසුව දා ත් කලින් කී පරිදි ම අශ්වයින් සරසා යකඩ දම්වැලින් බන්දවා තැබ්බවී ය. අශ්වයෝ ද ඒ ගොන්නු මෙන් ගොස් වැදහොත්තා ය. රජු ගොස් එසේ ම අධිෂ්ඨාන කොට අශ්වයින් නැගිට්ටෙව්වේ ය. පසුව දා ඇතෙකු අලංකාර ලෙස සරසා එසෙයින් ම අධිෂ්ඨාන කෙළේ ය. ඒ ඇතා ත්, දම්වැල් සිඳගෙන අළුයම් වේලාවට පෙර ගොස් සෑය බඳින තැන වැද හොත්තේ ය. රැය පහන් වූ පසු රජතුමා ඇත්ගොව්වන් කැඳවා 'ඇතා ගෙන එව්' යි පැවසුවේ ය. ඇත් ගොව්වෝ ඇතා බැඳ තැබූ තැන නොදැක "දේවයන් වහන්ස, ඇතා බැන්ද තැන පෙනෙන්නට නැත්තේ ය" යි කීහ. "එසේ වී නම් සගයෙනි, වහා සොයා බලව්" කී කල්හී ඇත්ගොව්වෝ ඇත් පියවර අනුව සොයමින්

යන්නේ සෑ පිහිටන තැන ඇතු ලැග සිටිනු දැක රජු වෙත ගොස් සැලකළාහු ය. එය ඇසූ රජු කලින් කී ලෙසින් පිළිපැද ඇතු පෙරටු කොට පැමිණියේ ය.

මෙසේ තුන් විමසීමකින් විමසා තෙරුන් සමීපයට ගොස් වැඳ උපස්ථාන කරමින් සෑ පිහිටන භූමිය ගත් බව දැනුම් දුන්නේ ය. එකල්හී සේරු නුවර සිව රජු බොහෝ පුද පඬුරු ගෙන්වා ගෙන 'රජු දකින්නෙමි' යි අවුත්, රජු වැඳ එකත්පස් ව සිටියේ ය. රජතුමා ඒ රජු සමඟ සතුට ගෙන දෙන කතා බහ කොට හිඳගත් කල්හී ලෝණ නුවර මහානාග රජු ත්, බොහෝ පුද පඬුරු ගෙන්වා ගෙන රජ දකින්නෙමි යි අවුත් වැඳ එකත්පස් ව සිටියේ ය. රජතුමා ඒ රජු සමඟ ද සතුට ගෙන දෙන කතාබහ කෙළේ ය.

"මේ ස්ථානයෙහි දසබලයන් වහන්සේගේ ධාතූන් වහන්සේ පිහිටුවාලන්නෙමි. තෙපි මා හට සහාය වව්" යි ඔවුන් කැටුව ගොස් "ධාතූන් වහන්සේ වඩිව්" යි වැන්දවීය. එකෙණෙහි ධාතූන් වහන්සේගෙන් සවණක් බුදුරැස් විහිද ගියේ ය. දෙවියෝ සාධුකාර දුන්නාහු. අහසින් මල් දම් වැටුණාහුය. අපගේ ලංකාවෙහි, අපගේ රටෙහි දසබලයන් වහන්සේගේ ධාතූන් වහන්සේ පිහිටන සේකැයි රජවරු සතුටට පත් වූහ. මේ ධාතූන් වහන්සේ මහාජනයා හට ශාස්තෘන් වහන්සේ නමක් කළ යුතු දෙය සළසාලන සේකැයි වන්දනා කොට ගියාහු ය. රජ තෙමේ ඔවුන් ගිය කල්හි ගිරිඅබා රජු කැඳවා,

"දරුව, උළු වඩුවන් නොපෙළා උළු ගඩොල් සාදව" යි කීවේ ය. "දේවයන් වහන්ස, නොසිතනු මැනැව. මම උළු ගඩොල් කරවන්නෙමි. මෙසේ ඇති කල්හී ප්‍රමාද වන්නේ ය" කීය. "අප සමීපයෙහි රන් රිදී ටිකක් ඇත්තේ

ය. කොයින් ලබන්නෙමු දැ” යි ඇසූ කල්හී ගිරිඅබා රජු මෙසේ කීවේ ය. “දේවයන් වහන්ස, මහා පින් ඇති ශාස්තෘන් වහන්සේ පුද සත්කාර සම්මාන ලබන සේක. නුඹවහන්සේ නොසිතා චෛත්‍යයෙහි කටයුතු පටන් ගත මැනැව” යි.

ඒ කාවන්තිස්ස රජ තෙමේ භාග්‍යවතුන් වහන්සේගේ පුණ්‍ය මහත්බව පිළිබඳ අචින්තනීය කථාව අසා සතුටට පත් ව, තෙරුන් සමීපයට ගොස් බණ අසා ධාතූන් වහන්සේ වන්දනා කොට නුවරට ගොස් සවස ආහාර ගෙන යහනෙහි වැදහොත්තේ, නින්දට බැසගත්තේ ය. රැය පහන් වූ පසු අවදි ව උළු ගඩොල් ගැන සිතන කල්හී දොම්නසට පත්වූයේ ය. එකල්හී සක්දෙව් රජු විස්කම් දෙව්පුතු අමතා, “දරුව, විශ්වකර්මයෙනි, කාවන්තිස්ස මහරජු අපගේ ශාස්තෘන් වහන්සේගේ ලලාට ධාතූන් වහන්සේ නිධන් කොට මහත් වූ චෛත්‍යයක් කරවනු කැමැති ව උළු ගැන සිතයි. ඔබ ගොස් පහසු තැනකින් උළු ගඩොල් මවාලව” යි පැවසීය. එය ඇසූ විස්කම් දෙව්පුතු දිළිඳු බ්‍රාහ්මණයෙකුගේ කුඹුරෙහි උළු ගඩොල් මවා දෙව්ලොවට ම ගියේ ය. එකෙණෙහි කුඹුරු හිමි දුගී බමුණා හිමිදිරියේ ම තම කුඹුර දකිනු පිණිස ගොස් ඔබ මොබ බලන්නේ උළු ගඩොල් රාශිය දැක මෙය සිතුවේ ය.

‘ඊයේ අප රජතුමා උළු ගඩොල් කෙසේ ලබන්නෙමු දැ’ යි කතා කළේ ය. ඒකාන්තයෙන් ම මා විසින් රජු පිණිස මහත් වූ පඬුරක් ලබන ලද්දේ ය’ යි සතුටු ව උළු දෙකක් කරෙන් ගෙන රජු දැකීම පිණිස ගොස් රාජද්වාරයෙහි සිට දන්වා යැව්වේ ය. රජ තෙමේ ඔහු කැඳවා ‘කුමක් නිසා උදයේ ම ආවේ දැ’යි ඇසුවේ ය.

"දේවයන් වහන්ස, මාගේ කුඹුරෙහි උළු රාශියක් දැක පාත්දරින් ම උළු දෙකක් ගෙන ආවෙමි. මෙබඳු වූ උළු සෑය බඳින්නට ගැලපෙන්නේ යැ" යි පෙන්නුවේ ය. රජ තෙමේ උළු දැක ඉතා සතුටු වී බමුණාට බොහෝ ධනය දුන්නේ ය.

එකෙණෙහි වෙනත් හසුන් පතක් ගෙනාවේ ය. මාදම්පටුන දොරටුවෙන් රිදී නැව් සතරක් ද, ස්වර්ණභූමියෙන් රන් නැව් සතරක් ද ගොඩගසා ඇත්තාහු යැයි පටුන් මුවදොර වසන ජ්‍යෙෂ්ඨ ආරක්ෂක ධර්මපාල නැමැත්තා අවුත් රජුට දැනුම් දුන්නේ ය. රජ තෙමේ සතුටු ව රන් රිදී ගෙන්වා ගත්තේ ය.

ඉක්බිති රජතුමා චුල්ලපිණ්ඩපාතික තිස්ස තෙරුන් සමීපයට ගොස්, "ආර්යයන් වහන්ස, උළු භූමියට යන්නෙමි" යි කීය. එය ඇසූ තෙරණුවෝ සතුටු ව පන්සියයක් පිරිවර භික්ෂූන් සමඟ උළු භූමියට වැඩම කළහ. මහාසාගල තෙරණුවෝ ත්, මහින්ද තෙරණුවෝ ත්, තම පිරිවර භික්ෂූන් සමඟ උළු භූමියට වැඩම කළාහු ය. සේරු නුවර සිව රජු ත් උළු භූමියට ගියේ ය. ලෝණ නුවර මහානාග රජු ත් උළු භූමියට ගියේ ය. සෝම නුවර ගිරිඅබා රජු ත් තම සේනාව පිරිවරා උළුගමට ගියේ ය. ඒ ශ්‍රමණ බ්‍රාහ්මණයන්ගේ ද, රජවරුන්ගේ බලය ද එකට එක් වූ තැනක් හෙයින් ඒ ගල් තලාවට 'බලවාහන' යන නම ලැබුණේ ය. ඒ සියළු දෙන උළු බිමට රැස්වූවාහු ය. තෙරුන් වහන්සේ උළු රාශිය දෙස බලා රජුට මෙසේ වදාළහ.

"මහරජාණෙනි, මේ උළු රාශිය චෛත්‍යරාජයාගේ සියළු කටයුතු කිරීමට සෑහේ."

සතුටු සිත් ඇති රජ තෙමේ සේනා පිරිවරාගෙන තෙමේ ම පළමු උළු කැටය ගත්තේ ය. එය දුටු සෙසු රජවරු ද, ඇමතිවරු ද, පිරිස ද, සියළු භික්ෂූන් ද උළු ගත්තාහු ය. එකල බර ඔසොවා යන ගමන පමා වන්නේ යැයි රජු සිතුවේ ය. තෙරුන් වහන්සේ රජුගේ සිත දැන මෙසේ වදාළහ.

"මහරජාණෙනි, නොසිතනු මැනැව. උළු ගෙනයනු මැනැවි. පසුවට දෙවියෝ ත්, නාගාදීහු ත් උළු භූමියේ පටන් සෑය බඳින තැන දක්වා නිරන්තරයෙන් උළු රැගෙන එන්නාහු ය." ඔවුහු උළු ගෙනවුත් සෑය බඳින තැන ගොඩගැසූහ. ඒ අනුසාරයෙන් චෛත්‍යරාජයාගේ වැඩ නිමවන තාක් ම දෙව් නා ගුරුළු ආදීහු නිතර සිට උළු ගෙනවුත් සෑ බඳින තැන සිව් දිශාවෙහි ගොඩ ගැසූහ.

ඉක්බිති රජ තෙමේ සියළු උළු වඩුවන් රැස් කරවා ඒ උළු වඩුවන් අතුරින් ජයසේන නම් උළුවඩුවා තෝරා ගෙන ඔහුට ලක්ෂයක් අගනා සළු දෙකක් ද, කහවණු ලක්ෂයක් ද, රන් කුණ්ඩලාභරණ ආදිය ද දෙව්වේ ය. ඔහුගේ පිරිවර උළුවඩුවන්ට අළුත් වස්ත්‍රාදී සියළු උපකරණ දෙව්වේ ය. නොයෙක් අයුරින් මහත් වූ සම්මාන කොට තෙරුන් වහන්සේ සමඟ සාකච්ඡා කරන්නේ,

"ආර්යයන් වහන්ස, අද වෙසක් පුන් පොහෝ දවසයි. ලලාට ධාතූන් වහන්සේගේ මංගල්‍යය කොට සෑය බඳින තැන උළු පිහිටුවා ලන්නට වටනේ යැ"යි කීවේ ය.

එය ඇසූ තෙරණුවෝ "යහපති මහරජාණෙනි, භාග්‍යවත් බුදුරජාණන් වහන්සේගේ උපන් දිනය යැ"යි වදාරා චෛත්‍ය කර්මය කරනු පිණිස පස් දෙනෙක්

ගත්තේ ය. ඔවුන්ගෙන් එක් අයෙක් වරදේව නම්. එක් අයෙක් සංඛ නම්. තව අයෙක් විජ්ජ නම්. තවෙකෙක් ඵුස්සදේව නම්. අනිත් කෙනා මහාදේව නම්. මේ වඩුවන් හට බොහෝ සත්කාර කරවා උත්සව වෙස් ගන්වා සියළු සැරසිල්ලෙන් අලංකාර කරවා රජු ද තෙමේ ම සියළු අලංකාරයෙන් සැරසී පූජා විධාන කරවා භික්ෂු සංඝයාට සුවඳ මලින් පූජා කොට තුන් වරක් පැදකුණු කොට සිව් තැනෙක්හි පසඟ පිහිටුවා වැඳ නැගිට රන් පුන් කලස් ඇති තැනට පිවිස, රන් ඔබ්බවන ලද මැණික්, මුතු, රුවනින් තැනූ කරකවන දණ්ඩ මව්පියන් ජීවමාන ව සිටින ඒ මව්පිය දෙදෙන වෙතින් මැනැවින් සැරසී ගත් ඉතා මංගල සම්මත අමාත්‍ය පුත්‍රයෙකු වෙතින් ගෙන්වාගෙන එහි මහත් වූ සෑයක් කරන්නේ රජු තෙමේ ම කරකවන දණ්ඩ ගෙන, චෛත්‍යයට වෙන් කළ භූමිය වටා කැරකී එකත්පස් ව සිටියේ ය. ඉක්බිති උළු වඩු තෙමේ සුභ නැකතින්, සුභ මොහොතින් චෛත්‍ය ස්ථානයෙහි ගඩොලක් පිහිටෙව්වේ ය.

එකෙණෙහි දෙලක්ෂ හතළිස් දහසක් යොදුන් ඝනකඩ බොල් මහපොළොව සාදුකාරයක් පවත්වන ආකාරයෙන් මහත් නාදයක් පැවැත්තුවේ ය. දෙව් මිනිස්සු දිනපතා සෑහෙන පමණට මැටි ඇඹරුම් ගලෙහි ලා කොටා, කුල්ලෙන් පොලා දෙත්. මෙසේ කරමින් කිහිප දිනකින් පේසා වළලු තුන බැඳ, මහත් වූ භික්ෂු සංඝයාට දැනුම් දුන්නේ ය. එය ඇසූ සංඝ තෙමේ චුන්ද උත්තර නම් සාමණේර දෙනම කැඳෙව්වේ ය. තෙපි හිමවතට ගොස් මේදවර්ණ පාසාණ රැගෙන එව්. එසමයෙහි ඒ සාමණේරවර උපතින් සොළොස් වස් ඇති ව, ෂඩ් අභිඥා, සිව් පිළිසිඹියාපත් ව සිටියාහු ය. මහා ක්ෂීණාශ්‍රව භික්ෂූන්

වහන්සේලාගේ සමීපයෙහි භික්ෂු සංඝයාගේ වචනය අසා පිළිගෙන අහසට පැන නැඟී තම ඉර්ධි බලයෙන් හිමාල පර්වතයෙන් මේදවර්ණ පාසාණයන් රැගෙන වැඩියාහු ය. එයින් එක් පාසාණයක් ධාතුගර්භයෙහි බිම අතුරා සතර පැත්තෙන් පාසාණ සතරක් පිහිටුවා, අනිත් පාසාණය ධාතු ගර්භය වැසීම පිණිස අන් අයට නොපෙනෙන සේ තැබුවාහු ය.

එකල්හී රජ තෙමේ ධාතු ගර්භයෙහි වැඩ නිමා කොට නව කෝටියක පමණ රන් ගෙන්වා රන්කරුවන්ට දී 'ධාතු ගර්භයට රන් උළු කරව්' යි අණ කෙළේ ය. ඒ රන්කරුවෝ දිගින් රියනක් පමණ, පළලින් වියතක් පමණ කොට, සතර අඟලක් ගණකමට රන් ගඩොල් කොට ධාතු ගර්භය බැන්දාහු ය. ඒ ධාතු ගර්භය වනාහී උසින් රියන් දහසයකි. සතර අතට දිග පළල රියන් දහය බැගින් කොට රන් ගඩොලින් නිමවා ධාතු ගර්භය මැද සත් රුවන් සිනේරු පර්වතයක් කරවා සිනේරු පර්වත මුදුනේ ජාතිමත් රත් සිරියල්, පාණ්ඩුකම්බල ශෛලාසනයක් කරවා, සත් රුවනින් පරසතු රුකක් කරවා, රිදියෙන් තැනූ සුදු සේසතක් ගත් මහබඹු ශාස්තෲන් වහන්සේගේ ප්‍රතිමාවට ඉහළින් දරා සිටින අයුරු කරවීය. සිනේරු පර්වත පාමුල සුවඳ මඩ පුරවා, නිල් මහනෙල් මලින් සරසා, රනින් තැනූ කළස් එකසිය අටක් තැබ්බවීය. ඊට අනතුරු ව සුවඳ මඩ පුරවා රතු පියුමින් සරසා රිදියෙන් තැනූ කළස් එකසිය අටක් තැබ්බවීය. ඊට අනතුරු ව සුවඳ මඩ පුරවා සුදු උපුල් මලින් සරසා මැණිකෙන් කළ එකසිය අටක් කළස් තැබ්බවීය. ඊට අනතුරු ව සුවඳ මඩ පුරවා සපු මලින් සරසා පද්මරාග මැණිකෙන් කළ එකසිය අටක් කළස් තැබ්බවීය. ඊට අනතුරුව සුවඳ මඩ

පුරවා පස් පියුමින් සරසා මැටියෙන් කළ එකසිය අටක් කළස් තැබ්බවීය. ඒ කළස් අතුරෙහි සුවඳ මඩ පුරවා සත් රුවනින් තැනූ වහන්තරා තැබ්බවීය.

රනින් තැනූ, සත් රුවනින් තැනූ, විචිත්‍ර මල්කම්, ලියකම්, පුන්කලස්, සිරිවච්ඡ, නන්දියාවට්ට, භද්‍ර පීඨාදිය ද, ඇත් අස් සිංහ ව්‍යාඝ්‍ර වෘෂභ පන්තීන් ද කරවීය. දෙව්ලොවින් වැඩම වීම, යමක මහා ප්‍රාතිහාර්යය, ධනපාල අංගුලිමාල ආලවක දමනය ආදිය ද, සාරිපුත්ත මහා මොග්ගල්ලාන මහා කස්සප ආදී තෙරුන් වහන්සේ ද, අසූ මහා ශ්‍රාවක රූප ද, කරවීය. සිනේරු පර්වත මැද භාගයෙහි තරු සමූහය පිරිවැරූ සඳ මඬලක් රිදියෙන් කරවීය. රැස් මාලාවෙන් සැරසුණු රනින් කළ හිරු මඬලක් ද කරවීය.

සිනේරු පර්වතය මත, පරසතු රුක් මුල, පාණ්ඩු කම්බල ශෛලාසනයෙහි අපගේ ශාස්තෘන් වහන්සේගේ පිළිම වහන්සේ ඝන රතු රනින් කරවා මාතෘ දෙව් ප්‍රමුඛ දස දහස් සක්වල දෙවියන්ට අභිධර්මය දෙසමින් වැඩ හිඳින අයුරු කරවීය. ඒ පිළිම වහන්සේගේ නිය විස්සක් ද, නේත්‍ර තල ද සුදු තැන් ද, ජාතිමත් ස්ඵටික මාණික්‍යයෙන් කරවීය. රනින් තැනූ ඇඟිලි ද, අතුල් පතුල් ද, දන්තාවරණ ද, ඇසෙහි රතු තැන් ද, ජාතිමත් පබළු වලින් කරවීය. කෙස් රැවුල්, ඇහිබැම ආදී තැන් ඉඳුනිල් මැණිකෙන් කරවූයේ ය. සම සතලිස් දත් දියමන්තියෙන් තනන ලද්දාහු ය. ඌර්ණරෝමය වනාහී රන් බිත්තියක තබන ලද රිදී බුබුලක් විලසින් රිදියෙන් ම වූයේ ය. භාග්‍යවතුන් වහන්සේගේ අනවලෝකිත මුදුන මත සත්ත රුවනින් විචිත්‍ර වූ කිකිණි දැලෙන් වට කරවූයේ ය. මණ්ඩපය ඇතුලෙහි නව ලක්ෂයක් අගනා මුතු දැල්

එල්ලා සිත්කලු වියනක් බන්දවා මණ්ඩපය කෙළවර මුතු දැල් අතර සත් රුවනින් විසිතුරු කිකිණි දැල් වටකරවීය.

අපගේ භාග්‍යවතුන් වහන්සේගේ මාතෘ දේවපුත්‍රයා ත්, සත් රුවනින් ම කරවීය. එසේ ම ඒරාවණ ඇතු, විස්කම් දෙව්පුතු ආදීන් ද, පන්සිළු දෙව් පුතු ආදී ගාන්ධර්ව දිව්‍ය පුත්‍රයෝ ද, සහම්පතී බ්‍රහ්මාදී මහා බ්‍රහ්මයන් ද කරවූයේ ය. වෙස්සන්තර ජාතකය කරන කල්හි සංජය මහරජු, ඵුසති දේවිය ආදිය ද, මන්ද්‍රී දේවිය, දරු දෙදෙනා ද, ජූජක බ්‍රාහ්මණාදීන් ද කරවීය. විධුර - සෝණදත්ත - මහා නාරදකස්සප - සුතසෝම - සුප්පාරක - සංඛපාල ජාතකාදිය ද, දම්සක් පැවතුම් - මහා සමය සූත්‍රාදිය වදාරණ අයුරු ද, සුදොවුන් මහරජු, මහාමායා, ප්‍රජාපතී ගෞතමී, භද්දකච්චායනා, රාහුල මාතා දේවී, රාහුල කුමරු, ඡන්න ද, කන්ථක අසු ද, මහාභිනික්මන ද, මහා බෝමැඩ ද, අසූ මහා සව්වන් වහන්සේලා ද, කොසොල් මහරජු, අනේපිඬු මහ සිටු, සුළු අනේපිඬු සිටු, විශාඛා, සුප්පාවාසා ද, පසුව චුල්ල පිණ්ඩපාතික තෙරුන් ද, තමන් ව ද කරවා ඒ සියල්ල ධාතු ගර්භයෙහි පිහිටෙව්වේ ය.

මෙසේ ධාතු ගර්භයෙහි පූජා විධාන මනාකොට බෙදා ඉතා මනහර කොට කරවා තෙරුන් වහන්සේ සමඟ කථා කෙළේ ය.

"ස්වාමීනී, ධාතු ගර්භයෙහි මා විසින් කළ යුත්ත නිමවන ලද්දේ ය. හෙට රෙහෙණ නැකතින් ධාතු නිධානය කරන්නෙමි. ආර්යයන් වහන්සේ ත්, කේශ ධාතුන් වහන්සේලා රැගෙන වඩීත්වා" යි තිස්ස තෙරුන්ට භාර කෙළේ ය. තෙරුන් වහන්සේ එය අසා,

"යහපති, මහරජාණෙනි, කේශ ධාතූන් වහන්සේලා සොයා බලා රැගෙන එන්නෙමු" යි වදාරා තම ශිෂ්‍යවර සිව තෙරුන් කැඳවා, "ඇවැත්නි, භූමින්ධර නා විමනෙහි ජයසේන නම් නා රජෙක් වසයි. ඔහු සමීපයෙහි කේශ ධාතූන් වහන්සේලා ඇත්තාහ. තපුස්ස භල්ලික දෙසොහොයුරු වෙළෙන්දන්ගේ කේශ ධාතු පුදන කාලයෙහි ඔවුන්ගේ ප්‍රමාදය දුන නාග රාජ තෙමේ කේශ ධාතූන් වහන්සේලා දෙනමක් ගෙනවුත් නා විමනෙහි වඩා හිඳුවා ගත්තේ ය. ඔබ ඒ ධාතූන් වහන්සේලා ගෙනවුත් රජුට දෙව" යි අණ කළ සේක. සිව තෙරණුවෝ ඒ වචනය පිළිගෙන පිටත් වූහ.

ඉක්බිති කාවන්තිස්ස රජු තම සොහොයුරිය වූ සෝම දේවියට ද, බෑණනුවන් වූ ගිරි අබා රජුට ද හසුනක් යැව්වේ ය. "හෙට ධාතු නිධානය කරන්නෙමු. තෙපි සෙනඟ ගෙන පැමිණෙව්" යි. ලෝණ නුවර මහානාග රජුට ද, සේරු නුවර සිව රජුට ද, එසෙයින් ම හසුන් යවා තෙමේ ත් තමාගේ විජිතයෙහි "මගේ අතින් යටත් පිරිසෙයින් එක් කරීසයක කුඹුරක් ලද තැන් පටන් සියළු දෙනා ත්, පිරිවර සහිත ව පැමිණෙව්" කියා බෙර හැසිරවී ය. එය අසා සොම්නසට පත් මහා ජනයෝ තම තමන්ට හැකි පමණින් ඇඳුම් ආයිත්තම් වලින් සැරසී පැමිණියාහු ය. රජ තෙමේ රැය පහන් වූ කල්හී "සියළු සේනාවෝ සුවඳ, මල්, ධූප, ධජ ආදිය ගෙන්වා ධාතු නිධානයට පැමිණෙත්වා" භික්ෂු සංඝයාට මහ දන් දී තුන් සිවුරු පිණිස මහර්ඝ වස්ත්‍ර පුදා, තෙමේ ත් සියළු අලංකාරයෙන් සැරසී, නොයෙක් අග්‍ර රස බොජුන් අනුභව කොට, උපෝසථ සිල් අධිෂ්ඨාන කොට, මැණික් කුණ්ඩලාභරණ, මැණික් ඉණපටි, මැණික් පා වළලු,

මැණික් වළලු ආදියෙන් විසිතුරු ලෙස සැරසී, සියළු අලංකාරයෙන් විභූසිත ව, කසී සළු ආදී සියුම් වස්ත්‍රයන් හැඳ පැළඳ, නැටුම් ගැයුම් වැයුම් ආදී තූර්ය භාණ්ඩයන් ගත් අත් ඇති දිව්‍ය අප්සරාවන් හා සමාන වූ නාටක ස්ත්‍රීන් පිරිවරාගෙන කියන ලද ආකාරයෙන් සැරසී ගත් ජනයා සමඟ මහා භික්ෂු සංඝයා වැඳ සිටියේ ය.

ඉක්බිති සෝම නුවර ගිරිඅබා රජු ත්, සියළු නුවරවාසීහු ත්, තම තමන්ට හැකි පමණින් සැරසී ධාතු නිධානයට පැමිණෙත්වා යි නගරයෙහි බෙර හසුරුවා, තෙමේ ත් සියළු අලංකාරයෙන් සැරසී මනා ව සැරසී ගත් ඇමති සමූහයා පිරිවරා නික්මුණේ ය. සෝම දේවිය ත් හිස සෝදා ස්නානය කොට, අලුත් වස්ත්‍ර හැඳ පැළඳ, සියළු අලංකාරයෙන් සැරසී දිව්‍ය අප්සරාවක් සෙයින් තම පිරිවර පන්සියයක් කුමාරිකාවන් නිල් වතින් සරසවා, එසෙයින් ම අලංකාර කොට පුන්කලස් අතට දී, ඔවුන්ට අනතුරු ව පන්සියයක් කුමාරිකාවන් රන් පැහැ වතින් සරසවා, එසෙයින් ම අලංකාර කොට, පූජා භාණ්ඩයන් අතට දී, ඔවුන්ට අනතුරු ව පන්සියයක් කුමාරිකාවන් රතු පැහැ වතින් සරසවා එසෙයින් ම අලංකාර කොට, විචිත්‍ර මල් පිරවූ බඳුන් අතට දී, ඔවුන්ට අනතුරු ව පන්සියයක් කුමාරිකාවන් සුදු වතින් සරසවා, එසෙයින් ම අලංකාර කොට, දුම් කබල් අතට දී මෙසේ පූජා විධාන පිළියෙල කොට, පිරිවරින් යුතුව චෛත්‍යාංගණයට ගොස් මහත් භික්ෂු සංඝයා පසඟ පිහිටුවා වැඳ, සුවඳ මල් ආදියෙන් පූජා පවත්වා, සිය සැමියා වූ ගිරිඅබා රජු සමඟ එකත්පස් ව සිටගත්තා ය.

ලෝණ නුවර මහානාග රජු ත් සියළු අලංකාරයෙන් සැරසී, සර්වාභරණයෙන් සැරසී ගත් අමාත්‍ය මණ්ඩලය

පිරිවරා නැටුම්, ගැයුම්, වැයුම්, තූර්යනාදයෙන් යුක්ත ව, සුවඳ මල්, දුම්කබල් අතට දී චෛත්‍යස්ථානයට ගොස් භික්ෂු සංඝයා වැඳ එකත්පස් ව සිටියේ ය.

සේරු නුවර සිව රජු ත්, තමන්ගේ සියළු අලංකාරයෙන් සැරසී මහත් පිරිවර සහිත ව, පූජා විධානයන් අතට ගෙන, මහත් වූ භික්ෂු සංඝයා වැඳ එකත්පස් ව සිට ගත්තේ ය. රාජ පිරිස තමන්ගේ හැකි පමණින් අලංකාර වතින් සැරසී සඳුන් මල් ආදියෙන් සෝභමාන ව, නලලෙහි මුතුදැල් එල්ලෙන විචිත්‍ර රන්පට බැඳ, අත් ආභරණ ආදී නොයෙක් අබරණින් දිව්‍ය පිරිසක් මෙන් මැනැවින් සැරසී ඒ ඒ වේශයන්ට අනුරූප වූ විවිධ ආයුධ ගෙන එකත්පස් ව සිටියාහු ය. සිංහ, ව්‍යාඝ්‍ර, දිවි සම් අතුරන ලද, රනින් අලංකාර කරන ලද, රන් ධජ, රන් දැල් ආදියෙන් සරසන ලද රථයන්හි සියළු අලංකාරයෙන් විසිතුරු රියැදුරෝ එහි නැග එකත්පස් ව සිටියාහු ය. බ්‍රාහ්මණපුත්‍රාදීහු සැරසූ සම් පොරොවා සෝභමාන ව එකත්පස් ව සිටියාහු ය. බොහෝ ඇමතිවරු ත් තම තමන්ගේ තනතුරු වලට සරිලන වස්ත්‍රාභරණයෙන් සැරසී පිරිවර සහිත ව එකත්පස් ව සිටියාහු ය. සුවඳ පැන් පිරවූ වාලම්පූරි සංඛයක් ගෙන පූන නූල ඒකාංශ කොට දමා ගත්, බමුණු තලප්පා බැඳගත්, පුරෝහිත බ්‍රාහ්මණයෝ පිරිවර සහිත ව පූජා විධාන අතට ගෙන මහත් භික්ෂු සංඝයා වැඳ, ජය ඝෝෂා පවත්වමින් මෙසේ කිව්වාහු ය.

"ඛේමං සුභික්ඛං භවතු
- නිච්චං ජනපදං සිවං
සස්සානි සමුප්පජ්ජන්තු
- රඤ්ඤො ඒවං ජයා සියුං

හැමට රැකවරණ ලැබ, සියල්ලෙන් සරුසාර වේවා! ජනපදය නිතර ශාන්ත වේවා! ධාන්‍යයෝ සරු ව වැඩෙත්වා! මෙසේ රජු හට ජය ම වේවා!"

අවශේෂ මහා ජනයෝ මෙසේ පැවසූහ. "සමුද්‍රය සීමා කොට ගත් සයුර නැමැති කඩුක්කන් පළඳා ගත්, සිරිලක් අඟන සමඟ ඇමති ගණ පිරිවරා රජ තෙමේ වාසය කරවා!" යි මෙසේ පවසා "අපගේ ආර්ය වූ කාවන්තිස්ස මහරජාණෝ සදේවක ලෝකයාගේ ඒක පුද්ගල වූ ලෝකනාථයන් වහන්සේගේ ලලාට ධාතූන් වහන්සේ මෙහි පිහිටුවන්නාහු ය"යි තම තමන්ට හැකි පමණින් සැරසී ගත්තාහු ය. කුදු මිටි ආදීහු ත්, සියළු ජනයා පූජා භාණ්ඩ ගෙන සාදුකාර දෙමින් සිටියාහු ය. මේ චෛත්‍යස්ථානයෙහි රැස් වූ පිරිස මෙසේ දත යුත්තේ ය. ක්ෂත්‍රියයෝ ය, බ්‍රාහ්මණයෝ ය, වෛශ්‍යයෝ (වෙළෙන්දෝ) ය, නියම්ගම් වැසියෝ ය, ඔවුන් සැම එක් ව සියළු අලංකාරයෙන් සැරසී මල් ආදිය ගෙන සිටියාහුය.

ගණනා වීතිවත්තා තේ
- අනේකේ ච මහාජනා
සමුද්දෝ පත්ථරත්තෝ ව
- ඛත්තියා සමුපාගතා

අනේක වූ මහා ජනයෝ ගණන් ඉක්ම ගියාහු ය. සයුර ගොඬගලන සෙයින් ක්ෂත්‍රියයෝ පැමිණියාහු ය.

අලංකතෝ මහාරාජා
- සරාජපරිවාරිතෝ
දේවරාජා යථා සක්කෝ
- අට්ඨාසි චේතියංගණේ

අලංකාර ව සැරසී ගත් මහරජු රාජ පිරිවර සහිත ව සක්දෙව් රජු සෙයින් චෛත්‍යාංගණයෙහි සිටියේ ය.

සාධුවාදේන සත්තානං
- පඤ්චංගතුරියේහි ච
හත්ථස්සරථසද්දේන
- සමාකිණ්ණං මහීතලං

සත්වයන්ගේ සාදුකාර නාදයෙන් ද, පසඟතුරු නදින් ද, ඇත් අස් රිය හඬින් ද, මිහිතලය පිරී ගියේ ය.

ඉක්බිති චුල්ල පිණ්ඩපාතිකතිස්ස තෙරණුවෝ සිය ශිෂ්‍යවර පන්සියයක් ක්ෂීණාශ්‍රවයන් වහන්සේලා පිරිවරා චෛත්‍යස්ථානයට ම වැඩි සේක. මහා සාගල තෙරණුවෝ ත් පන්සියයක් ක්ෂීණාශ්‍රව භික්ෂූන් පිරිවරා චෛත්‍යස්ථානයට ම වැඩි සේක. මහින්ද තෙරණුවෝ ත් තම ශිෂ්‍යවර සැටක් පමණ ක්ෂීණාශ්‍රව භික්ෂූන් පිරිවරා චෛත්‍යස්ථානයට ම වැඩි සේක. මෙසේ මේ නියමයෙන් එක් නමක්, දෙනමක්, තුන් නමක්, සිව් නමක්, පස් නමක් ක්ෂීණාශ්‍රව භික්ෂූහු වඩින සේක් දහසක් පමණ වූහ. චුල්ල පිණ්ඩපාතිකතිස්ස තෙරණුවෝ මෙපමණ වූ භික්ෂූන් පිරිවරා චෛත්‍යාංගණයෙහි හිඳගත් සේක. රජතුමා පැමිණ පසඟ පිහිටුවා වැඳ තෙරුන් සමඟ කථා කෙළේ ය.

"ආර්යයන් වහන්ස, කේශ ධාතු කොයින් ලබන්නෙමුද?"

එසැණින් තිස්ස තෙරණුවෝ තම ශිෂ්‍යවර සිව තෙරුන් දෙස බැලූ සේක. උන්වහන්සේ එසේ බැලූ

කෙණෙහි ම හුන් තැනින් නැගිට සිවුරු පොරොවා මහත් භික්ෂු සංඝයා වැඳ ෂඩ් අභිඥාලාභී මහා ක්ෂීණාශ්‍රව වූ සේක්, සතර වැනි ධ්‍යානයට සමවැදී ඉන් නැගිට පොළොවෙහි කිමිදී භූමින්ධර නා විමනෙහි පහළ වූ සේක.

එසමයෙහි ජයසේන නා රජු තම බෑණා සමඟ දෙකෝටියක් සමඟ නාගයින් පිරිවරා මහා යස විඳිමින් හුන්නේ ය. ඉඟියෙන් සංඥාවක් දී තෙරුන් වහන්සේ දුරින් ම වඩිනු දැක සිතුවේ ය.

'මේ නා විමනෙහි ශ්‍රමණයින් විසින් කළ යුතු දෙයක් නැත්තේ ය. නිසැකව ම කේශ ධාතු නිසා පැමිණියාහු වන්නේ ය' යි නැගිට ධාතු සරයට පිවිස ධාතු කරඬුව ගිල දමා කිසිවක් නොදන්නා සෙයින් හුන්නේ ය. එවේලෙහි තෙරණුවෝ ඔහු වෙත පැමිණි සේක. නා රජු පෙර ගමන් ගොස් පිළිසඳර කථා කරන්නේ තෙරුන් සමඟ මෙය පැවසුවේ ය.

"කුමක් හෙයින් ආර්යයන් වහන්සේ වැඩිසේක් ද?" යි පැවසූ කල්හී මෙසේ වදාළ සේක.

"අපගේ ත්‍රෛලෝක්‍යනාථ වූ සම්බුදුරජුන්ගේ කේශ ධාතු නිසාවෙන් පැමිණියෙමි. ඔබ ළඟ ඇති කේශ ධාතූන් වහන්සේලා ප්‍රමාද නොකොට මා හට දුන මැනැව. එකරුණ උදෙසා ම මාගේ උපාධ්‍යායන් වහන්සේ විසින් එවන ලද්දෙමි."

මෙසේ වදාළ කල්හී "අපගේ සම්මා සම්බුදුරජාණන් වහන්සේගේ කේශධාතූන් වහන්සේලා මා ළඟ නැතැ"යි කීය.

තෙරණුවෝ මොහු විසින් ධාතු කරඬුව ගිලින ලද බව දැන, "මහරජුනි, කේශ ධාතු ගනිමි" යි වදාළ කල්හී. "එසේ ය, දකින සේක් නම් ගෙන යනු මැනැව" යි පැවසුවේ ය. මෙසේ තුන් වරක් ගිවිස්සවාගෙන එහි ම වැඩසිටි සේක්,

"ඉද්ධියා මාපයිත්වාන
- තතෝ සෝ සුඛුමං කරං
පවේසෙත්වා මුඛේ තස්ස
- ගණ්හී ධාතුකරණ්ඩකං
නාගාලයාභිනික්ඛමි
- තිට්ඨ නාගා'හි භාසිය

තෙරණුවෝ ඉර්ධියෙන් සියුම් අතක් මවා නා රජුගේ මුවට ඇතුල් කොට ධාතු කරඬුව පිටතට ගත් සේක. 'සිටුව, නාග ය'යි වදාරා නා විමනින් නික්ම වැඩි සේක."

එකෙණෙහි ජයසේන නා රජු 'ශ්‍රමණයා වංචා කොට පිටත් කරන ලද්දෙමි' කියා උන්වහන්සේ වැඩි කල්හි ධාතු කරඬුව බලා ධාතු නොදැක 'ශ්‍රමණයා විසින් නසන ලද්දෙමි' යි දෑත් හිස මත තබා තම සකල නාගභවන ඒකකෝලාහල කොට මහා හඬින් වැළපෙන්නේ අපගේ ඇස් උපුටාගෙන ගිය කලක් මෙන් සදේවක ලෝකයා හට පිහිටට තිබෙන සම්මා සම්බුදුරජුන්ගේ කේශ ධාතුන් පුදා තවම අපා දුකින් නොමිදුණු අප මැඩ පවත්වා, ධාතුන් රැගෙන ගිය ශ්‍රමණයා ලුහු බැඳ ධාතු ගන්නෙමු යි දෙකෝටියක් නාගයින් ගෙන, තම බෑණා සමඟ උන්වහන්සේ පසුපසින් ලුහුබැඳ අහසට නැගුණෝ ය. එකෙණෙහි සිව තෙරණුවෝ අහසින් බැස පොළොවට

පිවිසි සේක. එවිට ඔවුනුත් පොළොවට පිවිසුණාහු ය. මෙසේ තෙරණුවෝ මතුවෙමින් කිමිදෙමින් ප්‍රාතිහාර්යය දක්වා සේරු නුවරට ඉතා දුර නොවූ ගල් තලාවට නැගි සේක. එහිදී ම ඔවුන් සංවේග කරවා චෛත්‍යාංගණයෙහි මහා භික්ෂු සංඝයා පෙරටු කොට ප්‍රකට වූ සේක. නාගයෝ ධාතු ගන්නට නොහැකි ව මහත් හඬින් රාව ප්‍රතිරාව නංවා 'මෙතැන් පටන් අපි නැසී ගියම්හ' යි ඒ ගල්තලාව මත සියළු නාගයින් රැස් ව මහා හඬින් වැළපුණාහු ය. 'භවත්නි, ඒකාන්තයෙන් නැසී ගියම්හ' යි එදා සිට ඒ ගල් තලාව නාගයින්ගේ රාව ප්‍රතිරාව දුන් හෙයින් නාග ගල යන නම වූයේ ය.

ජයසේන නාග තෙමේ තෙරුන් පිටුපසින් ලුහුබැඳ චෛත්‍යාංගණයට ගොස් රජුට මෙපවත් සැළ කළේ ය. "දේවයිනි, මේ භික්ෂු තෙමේ මා විසින් නොදෙන ලද ධාතුන් ගෙන පැමිණියේ ය."

එය ඇසූ රජ තෙමේ "ආර්යයන් වහන්ස, නාගයාගේ වචනය සැබෑවක් ද?"

"නැත මහරජාණෙනි, මොහු විසින් දෙන ලද ධාතූන් ගත්තෙමි" යි වදාළ කල්හී නාග රාජයා "ඔබවහන්සේ සාක්ෂිකරුවෙකු දෙනු මැනැව" යි කීවේ ය. එවිට තෙරණුවෝ ඒ නා රජුගේ බෑණා වූ සමණුප්පල නා රජු සාක්ෂියට තැබූ සේක. රජු ඔහුගේ බෑණාගේ සියළු වචන අසා තෙරුන්ගේ වචනය නිවැරදි බවට අදහා ගත්තේ ය. එවේලෙහි දුකින් පීඩිත නා රජු සෑ මළුවෙන් පිටත සිටියේ ය. ඒ නා රජු සෑ මළුවෙන් පිටතට වී හුන් බැවින් එදා සිට 'බහිනාගරාජ' යන නම වූයේ ය. ඔහු බෑණා සෑ මළුවෙහි ඇතුළෙහි හිඳෙව්වේ

ය. මේ චෛත්‍යරාජයා හට රැකවල් ගත් නාගයින් ගැන කිව යුත්තේ ය.

සුමන නා රජුගේ පිරිවර වූ සය කෝටියක් පමණ නාගයෝ ය. ජයසේන නා රජුගේ පිරිවර වූ දෙකෝටියක් පමණ නාගයෝ ය. සමණුප්පල නා රජුගේ දෙකෝටියක් පමණ නා පිරිවර සිටියාහු ය. සියළු නාගයෝ ධාතූන් වහන්සේලාට රැකවල් ගත්තාහු ය.

රජ තෙමේ තෙරුන්ගේ අතින් කේශ ධාතු ගෙන රුවන් කරඬුවක වඩාහිඳුවා මහින්ද නම් අමාත්‍යවරයා අතට දුන්නේ ය. ඒ පිරිස අතර ත්‍රිපිටක මහා ඵුස්සදේව තෙරුන්ගේ ශිෂ්‍යවර සිව් පිළිසිඹියාපත් සාමණේරවරු සතර නමක් සිටියෝ ය. උන්වහන්සේලා අතර එක් නමක් මලය රාජපුත්‍ර සුමන සාමණේර නමි. තව නමක් සේරු නුවර සිව රජුගේ සොයුරියගේ පුත්‍ර උත්තර සාමණේර නමි. තව නමක් මාගම මල්කරුගේ පුත් චුන්ද සාමණේර නමි. අනෙක් නම මාගම එක් කෙළෙඹියෙකුගේ පුත් මහා කස්සප සාමණේර නමි. මේ සාමණේරවරු සතර නම 'අද කාවන්තිස්ස මහරජු මහා චෛත්‍යරාජයාගේ ධාතු නිධානය කරන්නේ ය. අපි හිමාලයට ගොස් පිපුණු කුසුම් රැගෙන එන්නෙමු' යි තෙරුන් වහන්සේ වැඳ අහසින් හිමවතට ගොස් සපු, නා, සල්, ආදී පිදිය යුතු මල් ගෙන තව්තිසා දෙව්ලොවට වැඩියාහු ය.

එකල සක්දෙව් රජු සර්වාභරණයෙන් සැරසී දෙදෙව් ලොවෙහි දෙවියන් හා ඒරාවණ ඇතුපිට නැගී දෙකෝටි පනස් ලක්ෂයක් දිව්‍ය අප්සරාවන් පිරිවරා සුදර්ශන මහා වීදියෙහි හැසිරෙන්නේ ඒ සාමණේරවරුන් දුරින් ම වඩිනු දැක, ඇතු පිටින් බැස, පසඟ පිහිටුවා

වැඳ උන්වහන්සේලා අතෙහි ඇති මල් පෙට්ටි දැක, "ආර්යයන් වහන්ස, නුඹවහන්සේලා අතෙහි තිබෙන්නේ මොනවාදැ" යි ඇසුවේ ය. එය අසා සාමණේරවරු "කිම? මහරජාණෙනි, තෙපි නොදන්නහු ද? ලංකාවෙහි කාවන්තිස්ස මහරජු දසබලයන් වහන්සේගේ ලලාට ධාතූන් වහන්සේ වැඩමවාගෙන මහවැලි ගඟෙහි දකුණු ඉවුරු පෙදෙසේ සේරු නම් විල කෙළවර වරාහ නම් ගල් කෙමිය පිහිටි බිම මත චෛත්‍යයක් කරන්නට නුඹවහන්සේගේ නියෝගයෙන් විස්කම් දෙව්පුතු විසින් මවන ලද උළු ගඩොල් ගෙන චෛත්‍යරාජයා කරවා අද ධාතූන් වහන්සේලා නිධන් කරයි. ඒ පූජාව පිණිස හිමාලයෙන් ගෙන ආ මල් මේවා" යි වදාරා "මෙහෙනුත් මල් ගන්නට පැමිණියම්හ" යි වදාළහ. සක් දෙවිඳු උන්වහන්සේලාගේ වචනය අසා,

"ආර්යයන් වහන්ස, නුඹවහන්සේලාගේ අතෙහි ඇති මල් සිළුමිණි සෑයට පුදා අපගේ උයනෙහි මල් ගෙන වඩිනු මැනැව" යි පවසා උන්වහන්සේලා සමඟ ගොස් ඒ මලින් සිළුමිණි සෑය පිදුවේ ය. ඉක්බිති "ප්‍රමාද නොවිය යුත්තේ යැ" යි සක්දෙවිඳුට දැනුම් දුන්හ. එය ඇසූ සක් දෙවිඳු මහා උද්‍යාන පසින් පරසතු, කොබෝලීල ආදී මල් ද, සඳුන් සුණු ද ගෙන දුන්නේ ය. සාමණේරවරු මල් ගෙන දෙව්ලොවින් බැස හිමාලයට පිවිස රන්මිණි පව්වෙහි ශාන්ත සෙවණෙහි හිඳ දිවා විහරණය කොට, නැකැත් වේලාව පැමිණි කල්හී මැණික් සොයමින් යන්නාහු මැණික් සතරක් දුටහ. එයින් එකක් ඉඳුනිල් මැණිකකි. එකක් ප්‍රභාෂ්වර ජෝතිරස මැණිකකි. එකක් වෛරෝඩියකි. අනෙක මැසිරිගල් මැණිකකි. මැණික් සතර ද, දිව්‍ය පුෂ්පයන් ද ගෙන වැඩම කොට

තෙරුන් වහන්සේලාට පෙන්වූහ. තෙරුන් වහන්සේ "මහරජාණෙනි, මේ හෙරණෝ පරසතු, කොබෝලීලාදී පුෂ්පයන් ද, සඳුන් සුණු ද, මැණික් සතරක් ද ගෙන පැමිණ සිටිති" යි වදාළහ.

රජ තෙමේ එය අසා සොම්නසට පත් ව සාමණේරවරුන්ට පසඟ පිහිටුවා වැඳ උන්වහන්සේලා ගෙන ආ මැණික් ගෙන මහා නන්ද නම් ඇමතියාට දී තෙරුන් වහන්සේලා සමඟ මහත් පිරිවරින් චෛත්‍යාංගණයට ගොස් ලලාට ධාතූන් වහන්සේ මැණික් කරඬුවෙන් පිටතට වඩමවා තම හිස මත ලලාට ධාතුව වඩා හිඳුවා උඩින් සුදු සේසත් අල්ලා චෛත්‍ය රාජයා තුන් වරක් පැදකුණු කොට නැගෙනහිර දොරටුවෙහි සිටියේ ය.

'දසබලයන් වහන්සේගේ මේ ලලාට ධාතූන් වහන්සේ අප විසින් තනවන ලද බුදුපිළිම වහන්සේගේ නලල් තලයෙහි ඌර්ණ රෝම ධාතුවක ආකාරයෙන් වැඩසිටින සේක්වා' යි අධිෂ්ඨාන කෙළේ ය.

රජතුමා අධිෂ්ඨාන කළ සැණින් ම ලලාට ධාතූන් වහන්සේ කරඬුවෙන් අහසට පැන නැඟී අහසෙහි තල් ගස් සතක් පමණ උසින් වැඩහිඳ ෂඩ් වර්ණ බුද්ධ රශ්මි විහිදන්නට පටන් ගත්තේ ය. පර්වත මුදුනින් වැගිරෙන රන් දහරාවක් සෙයින්, ඒ බුදුරැස් අහසින් නික්මෙන රන් රස ධාරා සෙයින්, සියළු ලක්දිව රැස්මාලාවෙන් ඒකාලෝක කොට ගත්තේ ය. එවේලෙහි යමක මහා ප්‍රාතිහාර්යයට සමාන වූ ප්‍රාතිහාර්යයක් වූයේ ය. මහා කාරුණික වූ භාග්‍යවතුන් වහන්සේ නුදුටු විරූ මහා ජනයෝ ඒ ප්‍රාතිහාර්යය දැක තථාගතයන් වහන්සේගේ රූපකාය ප්‍රත්‍යක්ෂ ව දුටු කලක මෙන් වූහ.

අදිට්ඨපුබ්බං සත්ථුස්ස
- පාටිහීරං මහාජනා
දිස්වා පීතිපරා ජාතා
- පසාදමජ්ඣගුං ජිනේ

ශාස්තෲන් වහන්සේ නොදුටු විරූ මහා ජනයෝ ප්‍රාතිහාර්යය දැක බලවත් ප්‍රීතියට පත් ව තථාගත ජිනයන් වහන්සේ කෙරෙහි තව තවත් පැහැදී ගියහ.

පූජේසු ගන්ධමාලඤ්ච
- අලංකාරං සකං සකං
සබ්බේ වන්දිංසු සිරසා
- චේතියං ඊදිසං වරං

සුවඳ මලින් ද, තම තමන් පැළඳ සිටි අබරණින් ද පූජා කළහ. සියල්ලෝ ම 'මෙබඳු වූ උත්තම සෑයෙකි' යි සිරසින් වන්දනා කළාහු ය.

ඒ පිරිසෙහි සිටි එක් පණ්ඩිත පුරුෂයෙක් භාග්‍යවතුන් වහන්සේට ස්තුති ප්‍රශංසා කරමින් මෙසේ කීවේ ය.

නිබ්බුතස්සාපි බුද්ධස්ස
- යසෝ භවති ඊදිසෝ
ඨිතස්ස ලෝකනාථස්ස
- කීදිසා ආසි සම්පදා

පිරිනිවන් පා වදාළ බුදුරජාණන් වහන්සේට ලැබෙන යසස සෝභාව මෙබඳු නම් වැඩසිටියා වූ ලෝකනාථයන් හට කුමන

අයුරින් යස කීර්ති සම්පත් ලැබෙන්නට ඇද්ද!

ආනුභාවමිදං සබ්බං
- පුඤ්ඤේනේව මහේසිනෝ
කරෙය්‍ය ඤත්වා පුඤ්ඤං තං
- පත්ථෙන්තෝ බෝධිමුත්තමං

ඒ උතුම් අභිසම්බෝධිය ප්‍රාර්ථනා කරමින් පිනක් කරන ලද්දේ ද, මේ සියළු ආනුභාවයන් මහාර්ෂීන් වහන්සේගේ පින නිසා ම ය.

එවේලෙහි නා නා රත්නයෙන් විචිත්‍ර වූ නොයෙක් අලංකාරයෙන් සැරසූ මහාර්ඝ වූ ධජ පතාකයන් ඔසොවා නා නා කුසුමින් ගැවසී ගත් නොයෙක් පුද පූජා ගත් මිනිස්සු උත්සව වෙස් ගත්තාහු ය. අනේක තූර්ය නාදයන්ගේ හඬ පැතිරුණේ ය. එකෙණෙහි දේවතාවෝ මල් වරුසාවක් වැස්සවූවාහු ය. මහත් ආනුභව ඇති නාගයෝ පූජා පැවැත්වූහ.

මෙසේ සියළු දෙවිවරු - නාගයෝ - මිනිස්සු සාදුකාර දුන්නාහු ය. අත්පොළසන් දුන්නාහු ය. හිස උඩින් සළු කරකැවූහ. ඇත්තු කුඤ්චනාද දුන්හ. අශ්වයෝ සතුටින් හේසාරාව කළහ. ඝනකඩ බොල් මහපොළොව ජලය සීමා කොට කම්පා වූයේ ය. දිසාවන්හි විදුලි එළි නික්මී ගියේ ය. සියළු ලක්දිව සමන්කූට ආදියෙහි මහා වනයෝ කුසුම් රැසින් ගැවසී ගත්හ. සියළු ජල තටාකයෝ පස් පියුම් පිපී ගත්හ. දෙවියන් අතරෙහි මිනිස්සු ද, මිනිසුන් අතරෙහි යක්ෂ නාග ගුරුළු ආදීහු වූහ. භික්ෂු, භික්ෂුණී, උපාසක, උපාසිකා පිරිස අපමණ වූහ. මහත්

වූ සාදුනාදයෙන්, මහා බුදුගුණ ඝෝෂයෙන් සියළු ලක්දිව තියුණු වාතවේගයෙන් කැළඹුණු සමුද්‍රය සෙයින් එක්පැහැර ඒක නින්නාද වූයේ ය. මේ පූජා විධානයෙන් පැහැදී ගිය මහා ජනකාය මධ්‍යයෙහි ප්‍රාතිහාර්යය දක්වා වදාළ ශ්‍රීමත් ලලාට ධාතූන් වහන්සේ අහසින් පහළට වැඩම කොට බුද්ධ ප්‍රතිමා වහන්සේගේ නලල් තලයෙහි පුන්සඳක ශ්‍රීය අභිබවමින් බබලමින් වැඩසිටි සේක.

රජතෙමේ මහානන්ද නම් ඇමතියා අතින් කේශධාතු ගෙන විහාර මහාදේවියට දී මේ කේශධාතූන් වහන්සේලා දසබලයන් වහන්සේගේ සිරස මත පිහිටුවා ලන්නැයි පැවසුවේ ය. ඕ තොමෝ කේශ ධාතු ගෙන ඒ අයුරින් ම පිහිටන සේක්වා යි අධිෂ්ඨාන කළා ය. එකෙණෙහි කේශධාතූන් වහන්සේලා කරඬුවෙන් අහසට පැන නැඟී මොණරෙකුගේ ගෙලෙහි ඇති පැහැ ගත් නීල වර්ණ රැස් විහිදුවමින් අහසින් පහළට වැඩම කොට බුදු පිළිම වහන්සේගේ උත්තමාංගය වන සිරසෙහි පිහිටි සේක.

ඉක්බිති රජ තෙමේ තෙරුන් වහන්සේ සමඟ ධාතු ගර්භයට පිවිස දිව්‍ය වූ සඳුන් සුණු ගැවසී ගත් පරසතු කොබෝලීල ආදී සුවඳ මල් අතුරා, විසිරුවා එළි විහිදුවන මැණික් ගල් සතර තැබුවේ ය. ඒ එළියෙන් ධාතු ගර්භය අතිශයින් ම බැබලුණේ ය. සියළු නාටක ස්ත්‍රීහු තම තමන් පැළඳි ආභරණ ගලවා ධාතු ගර්භයට ම පිදූහ. ඉක්බිති රජු ධාතු නිධානය කොට බුදුරුවෙහි සිරිපතුල් ලඟ හිස තබා වැදහොත්තේ මෙසේ වැළපුණේ ය.

"මාගේ පියාගේ ත්, පියාගේ පරපුරෙන් පැමිණ වදාළ ශ්‍රීමත් ලලාට ධාතූන් වහන්සේ අද අවසාන

දිනය කොට මෙතැන් පටන් වෙන් වූ සේක. මම දැන් මුඹවහන්සේ බොහෝ කලක් වැඩසිටි රමණීය රුහුණු රටෙන් වැඩමවා ගෙන මේ ස්ථානයෙහි පිහිටුවෙමි" යි පවසා සිනේරු පර්වත මුදුනෙහි දිලෙන මහා ප්‍රදීපයක් සේ නුඹ වහන්සේ මෙහි ම වැඩසිටි සේක. දැන් අපි නොයන්නෙමු. භාග්‍යවතුන් වහන්සේ සමාවන සේක්වා" යි වැළපෙමින් ධාතු ගර්භයෙහිම වැටී මෙය පැවසුවේ ය.

"අහෝ වියෝගං දුක්ඛං මේ
- ඒතා බාධෙන්ති ධාතුයෝ
වත්වා සෝ පරිදේවන්තෝ
- ධාතුගබ්භේ සයී තදා

අහෝ! භාග්‍යවතුන් වහන්සේගෙන් වෙන්වීම මට දුකකි! මේ ධාතූන් වහන්සේලා මාගේ මෙහි රැඳීම වළක්වන සේකැයි කියා හෙතෙමේ හඬා වැළපෙමින් එකල්හී ධාතු ගර්භයෙහි වැද හොත්තේ ය."

"මරිස්සාමි නෝ ගමිස්සං
- අයොය්‍ය හිත්වා ඉධේව'හං
දුල්ලභං දස්සනං තස්ස
- සංසාරේ චරතෝ මමා'ති.

මාගේ ආර්ය වූ ශාස්තෘන් වහන්සේ අත්හැර නොයන්නෙමි. මම මෙහි ම මැරෙන්නෙමි. සසර සැරිසරමින් සිටි මා හට භාග්‍යවතුන් වහන්සේගේ දැක්ම ඉතාම දුර්ලභ වූයේ ය."

කියා වැළපෙමින් වැදහොත්තේ ය. ඒ භික්ෂු සංඝයා අතරෙහි සිටි සහදේව නම් තෙරුන් වහන්සේ

ධාතු ගර්භයෙහි වැඳ වැටී හඬමින් සිටිනා රජු දැක 'මේ රජුගේ අදහස කිමෙක් ද' යි පරචිත්ත විජානන ඥානයෙන් බලා මෙහි වැඳ වැටී මැරෙන්නෙමි යි වැදහොත් බව දැන ඉර්ධියෙන් ධාතු ගර්භයෙන් පිටතට ගත් සේක.

ඉක්බිති මුලින් ම ගෙනෙන ලද ජෝතිරස පාෂාණය ධාතු ගර්භයට උඩින් වියන් සේ තබා වසා රහතන් වහන්සේලා,

"ධාතු ගර්භය හාත්පස සතරැස් යහනක් මෙන් ඒක ඝන වේවා! ධාතු ගර්භයෙහි සුවඳ නොවියලේවා! පුෂ්පයෝ නොමැලවෙත්වා! රත්නයෝ දුර්වර්ණ නොවෙත්වා! පූජනීය භාණ්ඩයෝ නොනැසෙත්වා! බුදුදහමට සතුරු, මිසදිටු ගත් පුද්ගලයන් හට අවකාශයක් හෝ සිදුරක් හෝ නොවේවා!" යි අධිෂ්ඨාන කළ සේක.

ඉක්බිති රජතුමා ධාතූන් වහන්සේට මහත් වූ පූජා කොට මංගල චෛත්‍යයෙහි සතරැස් කොටුව ද, කොත් කැරැල්ල ද, කෛලාශ කූටයක් මෙන් තනි සුදෙන් කොට වැලිපාදයෙහි පටන් කළ යුතු සියළු වැඩ නිමා කරවීය. සුදු නිමල සඳ රැසක් සෙයින්, දිය බුබලක් සෙයින්, කෛලාශ කූටයක් සෙයින්, ඡත්‍රය දරා නොසෙල්වී වැඩ සිටි සේක්, සත්පුරුෂ ජනයා පහදවමින්, අන්‍ය තීර්ථකයන් මඩිමින් මංගල සෑ රජාණෝ බැබලුණු සේක.

"විලාසමානෝ අට්ඨාසි
- තෝසයන්තෝ මහාජනේ
මංගලකේලාසප්ඵුපෝ
- අචලෝ සුප්පතිට්ඨිතෝ

මහාජනයා තුළ සතුට උපදවමින්
කෛලාශකූට පර්වතය විලසින් නොසෙල්වී

මැනැවින් පිහිටා මංගල ස්ථූප රාජයාණෝ වැඩසිටින සේක.

සුජනප්පසාදනකරෝ
- තිත්ථියදිට්ඨිමද්දනෝ
හවි සද්ධාකරෝ සෙට්ඨෝ
- සබ්බජනපසාදකෝ

සත්පුරුෂ ජනයා හට පැහැදීම ඇති කරවන, තීර්ථකයන්ගේ දෘෂ්ටි මැඩලන, සියළු ජනයා හට ප්‍රසාදය ඇති කර දෙන, ශ්‍රද්ධාව ඇති කර දෙන, සෑ රජාණෝ ශ්‍රේෂ්ඨ වූ සේක.

චේතියෝ පවරෝ ලෝකේ
- මහාජනනිසේවිතෝ
ධජපුප්ඵසමාකිණ්ණෝ
- සදා පූජාරහෝ හවි

ලොවෙහි උත්තම වූ චෛත්‍යරාජයාණෝ සැදැහැවත් මහජනයා විසින් පුදන ලද්දාහු ය. ධජ පුෂ්පයෙන් ගැවසී ගත්තාහු හැම කල්හී පූජාර්හ වූ සේක.

බහු ජනා සමාගම්ම
- නානා දෙසා සමාගතා
පූජේසු තං මහාථූපං
- සබ්බදාපි අතන්දිතා

නොයෙක් නොයෙක් ප්‍රදේශයෙන් පැමිණෙන බොහෝ ජනයෝ එක්රැස් වී හැම කල්හිම නොමැලි ව, ඒ මහා ස්ථූප

රාජයාට පූජා පැවැත්වූහ.

ඊදිසෝ පතිරූපවාසෝ සෝ
- දේසෝ දුල්ලභෝ හවේ
අප්පමත්තා සදා සන්තා
- චිනාථ කුසලං බහුන්ති

මෙබඳු වූ පතිරූප දේශයක වාසයක් ඇද්ද, ඒකාන්තයෙන් ම ඒ දේශය දුර්ලභ ය. හැම කල්හි ම ශාන්ත ව, අප්‍රමාදී ව බොහෝ කුසල් රැස් කරව්."

රජතෙමේ සියුම් කපු වස්ත්‍රයෙන් මහානීය වූ චෛත්‍යරාජයා පළඳවා, වෙලා ශ්‍රී වර්ධන නම් මහා බෝධීන් වහන්සේ පිහිටුවා එහි බෝධිඝරයක් කරවා තුන් මහල් පොහොය ගෙයක් කරවා රාත්‍රියට හිඳින තැන්, දහවලට හිඳින තැන් කරවා විහාරයක කළ යුතු සියල්ල කරවීය. මෙපමණක් කොට අතපැන් වඩා විහාරය පූජා කරන්නෙමි යි සිතා අසූ දහසක් පමණ භික්ෂූන්ට දින හතක් අනේක සූප ව්‍යංජනයෙන් යුතු මහා දන් දී සත්වෙනි දිනයෙහි මහා භික්ෂු සංඝයා හට තුන් සිවුරු පිණිස වස්ත්‍ර පූජා කොට උදෑසන ම ආහාර අනුභව කොට තෙරුන් සමීපයට ගොස් වැඳ එකත්පස් ව සිටියේ, මෙසේ කීවේ ය.

"ආර්යයන් වහන්ස, සිව් දිශාවට අයත් මහා භික්ෂු සංඝයා හට දානයක් පූජා කරන්නට කැමැත්තෙමි."

ඒ ආයුෂ්මත් තෙරණුවෝ මෙසේ වදාළ සේක.

"එළඹෙන්නා වූ පුන් පොහෝ දිනයෙහි අස්විද නැකතින් දන් දීම යහපති" යි.

රජතෙමේ තෙරුන්ගේ වචනය අසා පසඟ පිහිටුවා තෙරුන් වැඳ සෝම නගරයෙහි සිය නැගෙණිය දේවියට කතා කළේ ය.

"නැගෙණිය, දසබලයන් වහන්සේගේ ලලාට ධාතූන් වහන්සේ නිධන් කොට කරවූ මංගල මහා චෛත්‍ය රාජයාට ගැලපෙන ප්‍රාසාදයක් ද, සරසන ලද දොරටු අට්ටාල තොරණ සහිත සුදු වස්ත්‍ර, අනේක ධජයෙන් ගැවසී ගත් විහාරයක් ද කරවා දානය දෙන්නෙමි යි ආර්යයන් වහන්සේට කිව්වෙමි. ඒ ආයුෂ්මත් තෙරණුවෝ එළඹෙන පුන් පොහොයට දානය දිය යුතු යැයි වදාළ සේක."

"දේවයන් වහන්ස, කුමක් කියන සේක් ද? ආර්යයන් වහන්සේ වදාළ නියායෙන් එළඹෙන පුන් පොහෝ දා දානය දෙනු මැනැව."

රජතුමා එය අසා සතුටට පත් ව "යහපති, නැගෙණිය යැ" යි පිළිගෙන සෝමනුවර වසන්නේ, එළඹෙන පුන් පොහෝ දින පැමිණි කල්හී 'අද උපෝසථ දවස' යි දැන ගිරිඅබා රජු කැඳවා "දරුව, හෙට දන් දිය යුත්තේ ය. ඔබ සේනා සරසා මා සමඟ හෙට එව" යි පවසා, සේරු නුවර සිව රජුට ත්, ලෝණ නුවර මහානාග රජුට ත් ලිපි යැව්වේ ය.

හෙට තොපගේ ඇත්, අස්, රිය, පාබල ආදී හැම රන් අබරණින් සැරසී මා සමඟ උත්සවශ්‍රීයෙන් යුක්ත ව ආර්ය වූ තිස්ස තෙරුන් වහන්සේට දෙනු ලබන දානයට එකතු වෙත්වා!"

ඔවුහු රජුගේ හසුන් ලැබ තම තමන්ට හැකි

අයුරින් ඇත්, අස්, රථ, පාබල සේනා අලංකාර කොට, අංවල රන්කොපු බහා, රන් කිකිණි දැලින් පළඳවා, මහා ගොනුන් ද එසෙයින් අමාත්‍ය, ගෘහපති, බ්‍රාහ්මණ පුත්‍ර, එළු ගව ගොපල්ලන්, කුදු මිටි ජනයා, සෙන්පති ආදීහු විචිත්‍ර වස්ත්‍ර හැඳ, නොයෙක් සුවඳ විලවුන් ගල්වා පැමිණ රජු ඉදිරියෙහි පෙනී සිටියාහු ය. රජතුමා ත් සිව්රඟ සේනා පිරිවරන ලදුව, අලංකාර ව සැරසූ ඇතු පිට නැංගේ ය. සෙසු රජවරු තම තම සේනාවන් පිරිවරා ඇතු පිට හිඳ රජු මැදි කොට වම් දකුණු පසින් නමස්කාර කරමින් නික්මුණාහු ය.

රජුගේ ගමන තථාගතයන් වහන්සේ බැහැදකිනු පිණිස ජීවක අම්බවනයට අජාසත් රජු ගිය ගමන බඳු විය. තිස් යොදුන් පමණ වූ ඒරාවණ ඇතුපිට නැගී දෙදෙව් ලොවේ දෙවියන් පිරිවරා නන්දන වනයට යන කල සක්දෙව් රජුගේ ගමන බඳු විය.

රජ තෙමේ මසක් වැඩුණු සඳෙහි ඡායාව එන කල්හී සෝම නුවරින් නික්ම සේරුවිල කෙළවර නා නා විධ අලංකාරයෙන් සැරසුණු නාටක ස්ත්‍රීන්ගේ පංචාගික තූර්යනාදය කරවමින් සිටියේ ය.

මහා පොළොව බිඳී යන අයුරින්, පර්වත පෙරළී යන අයුරින්, මහා සයුර ගොඩගලා බිඳී යන කලක අයුරින් වූයේ ය. බ්‍රාහ්මණයෝ ජය මුඛ මංගලාදී සෙත් වචන පැවසූහ. සියළු අලංකාරයෙන් සැරසුණු නාටක ස්ත්‍රීහු පසඟ තුරු ගොස නැගූහ. මහා ජනයෝ සළු හිස සිසාරා කරකැවූහ. ඉක්බිති රජ තෙමේ බොහෝ සුවඳ, පහන්, ධූප ආදිය ගෙන්වා ගෙන ඇතු පිටින් බැස සේනාව පිරිවරා, තෙරුන් වසන තැනට පිවිස, තෙරුන් වැඳ හුන්නේ,

"ආර්යයන් වහන්ස, රජවරුන් ද එකතු වී අතපැන් වත්කොට විහාර දානය දීමට කාලය යි" කීවේ ය. රජුගේ වචනය ඇසූ තෙරුන් වහන්සේ "යහපති, මහරජාණෙනි" යි පිළිගත් සේක.

ඒ අතපැන් වත්කොට විහාර දානය පූජා කරන දිනයෙහි නා නා විධ විචිත්‍ර මැණික් දඬුවල නා නා ධජ පතාකාදිය බන්දවා ඔසොවන ලද්දාහු ය. පෙරදිග ආදී දිශාවන්ගෙන් මඳ සුළං හැමුවේ ය. එසෙයින් මහා රැස් ජාලාවෙන් ජ්වලිත වූ සූර්යයා බැස ගියේ ය. පැතිර ගිය වළා දුහුවිලි, දූලි, රාහු ආදී බාධාවෙන් තොර අහසෙහි තරු සමූහයා පිරිවරා පුන්සඳ බැබලී රිදියෙන් තැනූ රවුම් කැඩපතක් සෙයින් පෙරදිගින් නැගුණේ ය. එකෙණෙහි දඬුවැට පහන් දල්වූවාහු ය. මහා මංගල චෛත්‍යරාජයා ජාතිමත් සමන් මාලා දාමයෙන් වසා එක ම මල් ගුලාවක් මෙන් අලංකාර වූයේ ය. තරු සමූහයා පිරිවැරූ සඳ මඬල යම් සේ ද, එසෙයින් ම පහන් මාලාවෙන් අලංකාර වූ මහා චෛත්‍ය රාජයා අතිශයින් ම බැබලුණේ ය. මුළු ලක්දිව හැම රැක් ද, විචිත්‍ර ධජයෙන් සැරසූවාක් මෙන් අකලට මල්ඵල හටගෙන විචිත්‍ර වූයේ ය. මහා සයුර, ලුණු සයුර ආදියෙහි ත්, පස් පියුම් පිපී ගියේ ය.

"විචිත්තවත්ථාභරණේහි සබ්බේ
අලංකතා දේවසමානවණ්ණා
අනේකසංඛ්‍යා සුමනා පතීතා
ජනා සමන්තා පරිවාරයිංසු

සියළු දෙනා දෙවියන් හා සමාන පැහැයෙන්
විචිත්‍ර වූ වස්ත්‍රාභරණයෙන් සැරසී ගත්තාහු
ය. නොයෙක් ගණනින් සමන් මල් වැටුණේ

ය. ජනයෝ හාත්පසින් මහා සෑය පිරිවරා ගත්හ.

සබ්බේව උජ්ජාලාපේසුං
- දණ්ඩදීපං මනෝරමං
සකලම්පි ඉදං දීපං
- ආසි ඕභාසිතං තදා

සියළු දෙනා ම සිත්කළු දඬුවැට පහන් දල්වා එසවූවාහු ය. එකල්හී මේ මුළු දිවයින ම ආලෝකවත් වූයේ ය.

තාරාගණසමාකිණ්ණෝ
- පුණ්ණචන්දෝව ජෝතයි
සාරදේ නභමජ්ඣම්හි
- ඨිතෝ රුචිරරංසියා

සරත් කාලයෙහි අහසෙහි මුදුන් ව සිත්කළු රැස් විහිදුවමින් තරු කැළ පිරිවරා ගත් පුන් සඳ සේ මහා සෑය බැබලුණේ ය.

තථා අයං ථූපවරෝ
- සුප්පභාසෝ අලංකතෝ
මාලාපදීපමජ්ඣම්හි
- භාති භූතිලකුත්තමෝ

එසෙයින්ම මේ උතුම් ස්ථූපරාජයා ඉතා ප්‍රභාෂ්වර වූයේ, අලංකාර කරන ලද්දේ, මල් පහන් මැද උතුම් බැබලීමෙන් බබලයි.

සබ්බේ'පි පදපා අස්ස
- ලංකාදීපස්ස සබ්බසෝ

ධජේහි'ව සමාකිණ්ණා
- ආසුං පුප්ඵඵලන්දදා

ලංකාද්වීපයෙහි සියළුම වෘක්ෂයෝ ධජයන්ගෙන් ගැවසී ගිය කලෙක මෙන් අකාල පුෂ්පඵලයෙන් සැරසුණාහු ය.

සචේතනා යථා සබ්බේ
- අකා පූජං අකා තදා
තථා අචේතනා සබ්බේ
- අකා පූජං අනප්පකං

එකල්හී යම් අයුරකින් චේතනා සහිත සියළු දෙන පූජාවන් පැවැත්වූවාහු ද, ඒ අයුරින් ම චේතනා රහිත සියළු වස්තූහු අනල්ප පූජාවන් පැවැත්වූහ."

බොහෝ සෙයින් භූමාටු දෙවිවරුන්ගේ පටන් අකණිටා බ්‍රහ්ම ලෝකයෙහි දෙවිවරුන් දක්වා දිව්‍යමාලා, පරසතු, කොබෝලීල, සඳුන් සුණු ගෙන පැමිණි දෙවිවරු වෙත්වා, මිනිස්සු වෙත්වා ගණනක් දැනගන්නට නොහැක්කේ ය. උත්තම වූ මහා පිරිසකගේ එකතුවක් වූයේ ය. ඒ දවසෙහි මහපොළොව, අහස, යුගන්ධර පර්වතය, සක්වල උතුම් පර්වතාදිය කම්පා වූහ. එය දුටු රජු අතිශයින් සොම්නසට පත් ව, තෙරුන් වහන්සේලා ද, අවශේෂ මහඇමතිවරුන් ද රැස් කොට, නාටක ස්ත්‍රීන් ද ගෙන මම දැන් ම අතපැන් වඩා විහාර පූජාව කරන්නෙමි යි චෛත්‍යාංගණයට ගියේ ය. තෙරුන් වහන්සේ ත් භික්ෂු සංඝයා ගෙන චෛත්‍යාංගණයෙහි වූ අලංකාර මණ්ඩපයෙහි වැඩහුන්හ. රජ තෙමේ සුවඳ පැන් පිරවූ රන් කෙණ්ඩිය ගෙන තෙරුන් වහන්සේගේ අතපැන්

වඩා විහාර පූජාව කෙළේ ය. එසේ පූජා කොට මෙය පැවසීය.

"ආර්යයන් වහන්ස, මේ ශ්‍රීමත් ලලාට ධාතූන් වහන්සේ මාගේ පිය පරපුරෙන් වැඩමවාගෙන ආවකි. දැන් අපගේ අතිරුචිර, රමණීය රුහුණු දනව්වෙන් වැඩම කොට රනින් කළ ධාතු ගර්භයෙහි සත් රුවනින් ධාතු මණ්ඩපයක් කරවා, එහි රන් බුදු පිළිමයක් වඩා හිඳුවා, අපගේ දසබලයන් වහන්සේගේ ලලාට ධාතූන් වහන්සේ නිධන් කරවා, ආර්යයන් වහන්සේගේ සිවුරු ආදී සිව්පසය පිණිස දැන් ගම්වර දහසයක් පූජා කරන්නෙමි" යි ගම්වර පුදා හාත්පස තුන් ගව් ප්‍රමාණයක දුරට සේරුවිලෙහි බෙර හසුරුවා ආරාමිකයන් කොට දුන්නේ ය. මෙසේ ත් කීවේ ය.

"ස්වාමීනි, නුඹවහන්සේට මා විසින් පුදන ලද ගම්වර දහසයට අද ම වැඩිය යුත්තේ ය. වැඩම කොට අද ම පරිභෝග කර වදාළ මැනැව" යි කියා එහි ම රාත්‍රී වැස පසුවදා සිට සත්දිනක් මහ දන් දී සත්වෙනි දින මහා භික්ෂු සංඝයාට තුන් සිවුරු සඳහා යෝග්‍ය සළු ද, ප්‍රණීත බොජුන් ද දී තෙරුන් වෙතට පැමිණියේ ය.

"ආර්යයන් වහන්ස, විහාරයෙහි කළ යුතු දෑ මා විසින් නොපිරිහෙලා කරන ලද්දේ ය. ගෙදරට යන්නෙමි" යි දැනුම් දුන්නේ ය. තෙරුන් වහන්සේ එය අසා "යහපති මහරජාණෙනි" යි පිළිතුරු දී වදාළහ.

ඒ රජ තෙමේ චෛත්‍යරාජයාට පූජා පිණිස මල්වත්තක් කරවා, මල් මාලා ගොතන්නවුන්ට වැටුප් දුන්නේ ය. එසෙයින් හේවිසි බෙර වයන්නවුන්ට, නැට්ටුවන්ට විහාර සීමාව තුළ රන් නගුලෙන් වෙන් කොට

දී ආරාමිකයින්ට ගමක් කරවීය. භික්ෂු සංඝයාට වතාවත් පිණිස තමා සමීපයෙහි සිටිනා ඇමතිවරුන්ගේ දියණිවරු පන්සියයක් ද, එසේ ම අමාත්‍ය පුත්‍රයන් පන්සියයක් ද, දැසිදස්සන් පන්සියයක් ද, ඒ ඒ පිරිසට වැටුප් පිණිස කහවණු පන්ලක්ෂය බැගින් ගෙවීය. භික්ෂු සංඝයාට ද ධාතු පූජාවට ද කහවණු දහසය දහසක් ගෙවීය.

ඉක්බිති ගිරිඅබා රජු කැඳවා,

"දරුව, තෙපි මෙහි ම නිතර වසව්. අපගේ විහාර ත්, ආරාමිකයනුත් ආර්යයන් වහන්සේලා ත් පිළිබඳ ව අප්‍රමාදී වව" යි අවවාද කොට ඔහුට සියල්ල පැවරුවේ ය. තෙරණුවෝ රජුට මෙසේ වදාළහ.

"මහරජාණෙනි, හාත්පස මහා සීමාව බැන්ද යුත්තේ ය."

"ස්වාමීනී, බඳිනු මැනැවැ" යි කී කල්හී,

"මහරජාණෙනි, නොපවසන ලද සලකුණින් සීමාව බඳින්නට නොහැක්කේ ය. විහාරයට පෙරදිගින්, බටහිරින්, උතුරින්, දකුණින් මහා සීමාව බඳිනු පිණිස සළකුණු සොයා බලා දෙනු මැනැව. අපි සීමාව බඳින්නෙමු" යි වදාළහ.

රජ තෙමේ සතුටු වූයේ ඇමතිවරුන් සත් දෙනෙකු සර්වාලංකාරයෙන් සරසා සීමා නිමිති ලකුණු කොට එනු පිණිස පිටත් කරවීය. ඒ ඇමතිවරු සත් දෙනා සිව් දිශාවෙහි නිමිති සළකුණු සොයා බලා පත්‍රයෙහි ලියා ගෙනවුත් රජුට දුන්නාහු ය. රජ තෙමේ එක් එක්කෙනාට කහවණු සියය බැගින් දී සිව් දිශාවට රැකවල් දම්මවා සීමාව බඳින සේක්වායි මහා භික්ෂු සංඝයාට දැනුම්

දුන්නේ ය. ඉක්බිති භික්ෂු සංඝයා පිරිවරා ගත් තෙරුන් වහන්සේ චෛත්‍යාංගණයෙහි වැඩහිඳ වප් මස කළුවර පක්ෂයෙහි දොළොස් වෙනි දවසෙහි සීමාව බැඳ නිමවූ සේක.

එහි සීමා ලකුණු මෙසේ දත යුත්තේ ය. පෙරදිග දිශාවෙහි සිගාල පාසාණයට ගියේ ය. එයින් මච්ඡසේල ගමට වම් පසින් කොට සීමා නම් ගම් කෙත අත්හැර ගණද්වාර ගමට ගියේ ය. චිත්ත වැවෙහි උතුරුවාන කෙළවරින් වරගම් කෙතෙහි ගල්තලාවට ගියේ ය. එයින් සාලික නම් මී ගසේ සිට පාසාණ ථූපයට ගියේ ය. එතැනින් වුත්තික නම් වැවෙන් දකුණු වාන කෙළවරෙන් කණිකාර ගලට ගියේ ය. එතැනින් ජන්නජ්ඣාපිත ගලට ගියේ ය. එතැනින් කුක්කුට සිව නම් උපාසකගේ මී ගසෙහි සිට ස්ථූපයට ගියේ ය. එතැනින් සොණ්ඩ නම් ගලට ගියේ ය. එතැනින් සබර නම් ගලට ගියේ ය. එතැනින් ඒලාල තොටට ගියේ ය. එතැනින් හෙබ මැදින් ගොස් අස්සබන්ධන නම් තැනට ගියේ ය. එතැනින් ගල මත උදක කාක නම් නුගරුක ළගට ගියේ ය. ඒ රුක දියකාවන් ලැග සිටි හෙයින් මේ නමින් හැඳින්වූයේ ය. එතැනින් තඹතොට නම් තැනට ගොස් මහාවාරික නම් ස්ථූප මාවතට ගියේ ය. එතැනින් අස්මඬුළු පිටට ගියේ ය. එතැනින් මහකොළොම් ගස ළඟ සිට පාසාණ ථූපයට ගියේ ය. එතැනින් මහවත පිටට ගියේ ය. එතැනින් ලුණු සයුර කෙළවර රිදී ගලට ගියේ ය. නැවත අවුත් සිගාල පාසාණයෙහි ම සිටියේ ය. මෙපමණ මේ හාත්පස වෙන්කොට සීමා ලකුණු කොට රජු දුන්නේ ය. විහාරයට බොහෝ ආරාමිකයින් ද ඔවුන් හට විවිධ උපකරණ ද දෙවා සියළු ප්‍රාකාර තොරණ ආදිය කරවා විහාරය නිමාකොට රුහුණට ම ගියේ ය.

රාජා පසන්නහදයෝ
- මහාපුඤ්ඤෝ මහාබලෝ
කාරෙත්වා උත්තමං ථූපං
- කඤ්චනග්ඝීක සෝභිතං

තෙරුවන් කෙරෙහි පහන් සිත් ඇති, මහා පින් ඇති, මහා බල ඇති රජ තෙමේ සොඳුරු ලෙස රනින් සරසා උතුම් ස්ථූපයක් කරවා,

බන්ධාපෙත්වා තතෝ සීමං
- වට්ටගාමඤ්ච සෝළස
දත්වා ආරාමිකානඤ්ච
- සබ්බුපකරණානි ච

ඉක්බිති සීමාව බන්දවා, සොළොස් ගම්වරක් ද දී, ආරාමිකයන් හට සියළු උපකරණ දී,

තතෝ සෝ රෝහණං ගන්ත්වා
- මහා සේනාපුරක්ඛතෝ
විහාරදේවියා සද්ධිං
- මෝදමානෝ වසී තහිං

ඉන්පසු රජ තෙමේ මහා සේනාව පෙරටු කොට රුහුණට ගොස් විහාර මහා දේවිය සමඟ සතුටු වෙමින් එහි වාසය කළේ ය.

තෙරුන් වහන්සේ වනාහී එහි ම වැඩවසන සේක්, යමෙක් මේ විහාරයෙහි වසන්නේ නම්, තථාගතයන් වහන්සේ සමඟ එක ගඳකිලියෙහි වසන ලෙසින් විසිය යුතු වන්නේ යැයි වදාරා, එතැන් පටන් සිල් පැවැතුම්, සමාධි සමාපත්ති ලැබ, ෂඩ් අභිඥා - පටිසම්භිදාවන් ලද

නිකෙලෙස් රහතුන් පිරිවරා සියළු බුදුගුණ සිහිකරන සේක් බොහෝ කලක් වැඩහිඳ එහිම අනුපාදිශේෂ නිර්වාණ ධාතුවෙන් පිරිනිවි සේක.

"අනේකගුණසම්පන්නෝ
- තිස්සත්ථේරෝ බහුස්සුතෝ
ජනානං සංගහංකත්වා
- නිබ්බුතෝ සෝ අනාසවෝ

අනේක ගුණයෙන් යුක්ත වූ බොහෝ ඇසූ පිරූ තැන් ඇති, ඒ චූල්ලපිණ්ඩපාතික තිස්ස තෙරණුවෝ ජනයා හට ධර්මයෙන් සංග්‍රහ කොට නිකෙලෙස් ව පිරිනිවි සේක.

ථේරාපි තේ සීලසමාධියුත්තා
බහුස්සුතා සාධුගුණාභිරාමා
පඤ්ඤාපභාවායුප්පන්නචිත්තා
ගුණාකරා තානයුතා ජනානං

සීල සමාධියෙන් යුක්ත වූ, බහුශ්‍රැත වූ, සත්පුරුෂ ගුණයෙහි ඇලුණා වූ, ප්‍රඥාලෝකයෙන් හටගත් සිතින් යුක්ත වූ, ගුණයන්ට ආකාර වූ ඒ තෙරුන් වහන්සේලා ද, ජනයා හට පිළිසරණ ඇත්තාහු ය.

පහීනභවසංසාරා
- පභින්නපටිසම්භිදා
නාමරූපං සමාසන්තෝ
- පේසලා ඡින්නබන්ධනා

උන්වහන්සේලා භව සංසාරය ප්‍රහාණය කොට පටිසම්භිදා ලැබ නාමරූප ධර්මයන්

නුවණින් විමසන්නාහු, කෙලෙස් බන්ධන සිඳ සිල්වත් වූවාහු ය.

සත්තානං උත්තමං සන්තිං
- කත්වා ච ජනසංගහං
නිබ්බුතා තේ මහාපඤ්ඤා
- පදීපෝව සුමානසා

සත්වයන් හට උත්තම ශාන්තිය ද, ජන සංග්‍රහය ද කොට ඒ ප්‍රාඥයන් වහන්සේලා සතුටු සිතින් යුතුව පහනක් නිවෙන සෙයින් නිවී ගියාහු ය.”

මෙසේ ආර්ය ජනප්‍රසාදය පිණිස කරන ලද
ධාතුවංශයෙහි ධාතු නිධානය පිළිබඳ කථාව නම් වූ
පස්වෙනි පරිච්ඡේදය නිමා විය.

මේ රජතුමා විසින් කරවන ලද විහාරයන් ගැන කිව යුත්තේ ය.

විහාරදේවී මහා විහාරය, ඡාතපබ්බත විහාරය, සමුද්‍ර විහාරය, සිතුල්පව් විහාරය, භද්දපාසාණ ද්වාර විහාරය, වළස්ගල විහාරය, කොලොම්තිස් පර්වත විහාරය, ගණ විහාරය, කාලක විහාරය, දූක්පලක විහාරය, උච්චංගණ විහාරය, කෝටිතිස්ස විහාරය, ඔහුගේ නම තබා මාගම කරවන ලද තිස්ස මහා විහාරය ආදිය කොට එකසිය විසි අටක් විහාරයෝ කරවන ලද්දාහු ය.

"අට්ඨවීසතිඡ්කසත
- විහාරඤ්ච මහාරහං
විහාරදේවියා සද්ධිං
- කාරාපේසි මහායසෝ

මහා යස පිරිවර ඇති රජ තෙමේ මහානීය
වූ විහාරයන් එකසිය විසි අටක් විහාර
මහාදේවිය හා එක් ව කරවූයේ ය.

එතැන් පටන් රජු මහා දන් දී පින් කොට එයින් චුත ව දෙව්ලොව උපන්නේ ය.

කත්වානි පුඤ්ඤකම්මානි
- අනේකානි මහායසෝ
අත්ථං ජනස්ස කත්වාන
- ගන්ත්වාන තුසිතං පුරං

මහා යස පිරිවර ඇති රජ තෙමේ අනේක වූ පින්කම් කොට ජනයාට යහපත සළසා තුසිත දෙව්ලොවට ගොස්,

සෝ තත්ථ දිබ්බසම්පත්තිං
- චිරං භුඤ්ජිය නන්දිතෝ
මහාවිභවසම්පන්නෝ
- දේවතානං පුරක්ඛතෝ

හෙතෙම එහි සතුටින් යුතුව බොහෝ කලක් දෙව් සැප විඳ මහා සම්පත් ඇති ව දෙවියන් පෙරටු කොට ගෙන,

තම්පි සම්පත්තිමෝහාය
- ජීවලෝකේ මනෝරමේ
ලෝකුත්තරං සිවං ඛේමං
- ඉච්ඡන්තෝ ආගමිස්සති

දෙව්ලොව ඇති මනහර වූ ඒ දිව්‍ය සම්පත්තිය අත්හැර ලොව්තුරු සැපය වන අමා නිවන කැමති වෙමින් යළි මනුලොවට එන්නේ ය.”

හෙතෙමේ ඒ තුසිත ලොවින් චුත ව දඹදිව ඉපදී මෛත්‍රේය භාග්‍යවතුන් වහන්සේගේ පියා වී සුබ්‍රහ්ම නම් බ්‍රාහ්මණයා වන්නේ ය. විහාර මහා දේවිය ඒ බුදුරජුන්ගේ ම මව වී බ්‍රහ්මවතී නම් බැමිණිය වන්නේ ය. අභයගාමිණී කුමාරයා මෛත්‍රේය භාග්‍යවතුන් වහන්සේගේ පළමු අග්‍ර ශ්‍රාවකයා වන්නේ ය. කණිටු සද්ධාතිස්ස කුමාරයා දෙවෙනි අග්‍ර ශ්‍රාවකයා වන්නේ ය.

මෙතෙකින් ලලාටධාතු වර්ණනාව සමාප්ත වූයේ ය.

ධාතුවංශය නිමා විය.

අනේන පුඤ්ඤකම්මේන
- සංසරන්තෝ භවාභවේ
සබ්බත්ථ පණ්ඩිතෝ හෝමි
- සාරිපුත්තෝ’ව පඤ්ඤවා

මේ පුණ්‍යකර්මයේ ආනුභාවයෙන් භවයක් පාසා සැරිසරා යද්දී හැම තැන්හි ම සාරිපුත්තයන් වහන්සේ සෙයින් ප්‍රඥාවන්ත ව නුවණැත්තෙක් වෙම්වා!

අරිමේදස්ස බුද්ධස්ස -
පබ්බජිත්වාන සාසනේ
නිබ්බානං පාපුණිත්වාන
- මුඤ්චේම් භවබන්ධනා

කෙලෙස් සතුරන් නැසූ බුදුරජුන්ගේ සසුනෙහි පැවිදි වී නිවනට පත් ව භව බන්ධනයෙන් මිදෙම්වා!

අනේන මේ සබ්බභවාභවේ’හං
භවෙය්‍යමේකන්තපරානුකම්පී
කුලී බලී චේව සතී මතී ච
කවීහිසන්තේහි සදා සමංගී

මාගේ පින් බලයෙන් හැම භවයක් පාසා මම ඒකාන්තයෙන් පරානුකම්පී වෙම්වා! කුලවත් ව, බලවත් ව, සිහිය හා නුවණ ඇති ව පණ්ඩිතයන් සමඟ ද කෙලෙස් සංසිඳුණු උතුමන් සමඟ ද හැමකල්හි එක් ව වසම්වා!

පඤ්ඤවන්තානං අග්ගෝ භවතු!

ප්‍රඥාවන්තයන් අතර අග්‍ර වේවා!

ශ්‍රීමත් ලලාට ධාතූන් වහන්සේ වැඩසිටින මංගල මහා චෛත්‍යරාජයා කෙරෙහි චිත්තප්පසාදයෙන් යුතුව වන්දන මානන පූජා කරනු කැමති සැදැහැවතුන් හට උපකාර පිණිස මෙම අනුවාදය කරන ලද්දේ ය. මෙයින් රැස් වූ සියළු පුණ්‍ය ධර්මයන් මේ ගෞතම බුදු සසුනෙහි චතුරාර්ය සත්‍යය ධර්මය අවබෝධ කරගන්නට අපට හේතු වාසනා වේවා!

සාදු! සාදු!! සාදු!!!

සේරුවිල චෛත්‍යරාජයා වන්දනා ගාථා

ලංකා වධූ පියපති සිරි කාකවණ්ණ
තස්හව්හයේන මුනිරාජ ලලාටධාතුං
ගබ්හේ නිධාපිය සුනිම්මිත චාරුරූපං
වන්දාමි මංගල මහං ථූල ථූපරාජං

සිරිලක් අඟනගේ ප්‍රිය ස්වාමී වූ ශ්‍රී කාවන්තිස්ස නම් රජු විසින් අප මුනිරජාණන් වහන්සේගේ ලලාට ධාතූන් වහන්සේ මැනැවින් නිම වූ රන් බුදුරුවක නිධන්ගත කොට කරවන ලද මංගල මහා ස්ථූප රාජයාණන් වහන්සේ මම වන්දනා කරමි.

සේරු නාමසරාසන්නේ සාරසී සරධානගං
වන්දේ කාරිත තිස්සේන ලලාටධාතුචේතියං

කාවන්තිස්ස මහරජු විසින් සේරු නම් විල්තෙර කරවන ලද ලලාට ධාතු චෛත්‍යරාජයා මම වන්දනා කරමි.

ටිබෙට් ජාතික එස්. මහින්ද ස්වාමීන් වහන්සේ විසින්
සේරුවිල චෛත්‍යරාජයා වන්දනා කිරීමට වැඩම කොට
සුළු මොහොතකින් රචනා කරන ලද රමණීය කවි පෙළ...

නැමඳුම් කවි

1. සීරුව පින් නොකළෝතින් අද අද
පූරුවෙ පව් මතු වී දුක් දෙයි තද
සේරුවිලේ මහ මංගල සෑ වැඳ
බේරුමු සසරින් ඒ පව් මුල් සිඳ

2. ලලාට ධාතුව මෙහි පිහිටා ඇත
අලාමකයි එනිසා ම තිලෝ මත
හෙලා බුදුන්ගේ නව ගුණ තුන් සිත
බලා වඳින්නෙමු දොහොත් නගා මත

3. විස්තර සසුනේ රනින් නෙලාලා
රැස් කර ඇත මේ සෑයෙ තබාලා
උස් හඬ නංගා සාදු කියලා
ඉස්මත දී අපි වඳිමු නැමීලා

4. අහසේ දෙවියෝ මල් ගෙන සිටිති
පහලට බර වී සෑයට පුදති
නිහඬින් සිහිකර බුදුගුණ රසැති
දොහොතින් නමඳිමු පසෙකින් නැවතී

5. වන දෙවියන් බුදුගුණ ගානා මෙන්
එන මේ සීතල සුළඟ විදීමෙන්

පිනවා තුන් සිත නවගුණ	කීමෙන්
පින අත්කරමු සෑය	වැඳීමෙන්

6.

ගුවන් ගැබේ හඳ පායා	එන්නා
හෙමින් හෙමින් මහ සෑය	සිඹින්නා
මලින් ගඳින් පහනින්	පුදමින්නා
වඳින්නමෝ අපි පව් මුල්	පන්නා

7.

දෙව් කැල තම දෙව් මහිම	පවත්වා
සව් සිරිලක සහ සසුන	රකිත්වා
මව්පිය ගුරුවරු මෙපින්	ගනිත්වා
දෙව් සැප කෙළවර නිවන්	ලබත්වා

ආරම්භය

1.

සිහිනෙන් සිතුවත් සෙත	සැලසෙන්නේ
බිහිසුණු අනතුරු දුක්	දුරුවන්නේ
සිහිකර ඒ නව ගුණ	මුනිඳුන්නේ
දෙහිතින් තොර වී බැතින්	වඳින්නේ

2.

අවාසනා දුක් ගින්න	සතුන්නේ
නිවා සිසිල් දෙන දහම්	බුදුන්නේ
දිවා රැයේ නිති පුදා	වඳින්නේ
ඒ වාසනාවෙන් නිවන්	දකින්නේ

3.

දෙව්බඹ සෙන් පුද පඬුරු	පුදන්නේ
සිව් පිරිසිදු සිල් කඳින්	දිලෙන්නේ
ගෞතම සිදුහත් ඒ	මුනිඳුන්නේ
සව් පුත් මහ සඟ බැතින්	වඳින්නේ

4.

රැක්මට මේ රට බිඳ හැර	බාදා
සක් දෙවියන්ගෙන් වර ලැබූ ඒ	දා

වික්මැති සුරිඳුනි තුන් කල් පාදා
රක්සා කෙරෙවා සත සෙත සාදා

5. දොර වසනා සේ සතර අපායේ
ඇර තබමින් මග මොක් සිරිපායේ
කරවූ නිරිඳකු මංගල සෑයේ
තොරතුරු මෙලෙසයි පෙර සිට ආයේ

සෑ බිම

6. පිරිනිවනින් පසු සසුන තමන්නේ
සිරිලක පිහිටන බව නුවණින්නේ
පිරිසිඳ දූන පිරිවර සමගින්නේ
සිරිගන අප මුනි මෙහි වඩිමින්නේ

7. ලලාට ධාතුව මතුවට පිහිටන
අලාමක වූ බිම් මේ හැර නැත වෙන
මෙලාගෙන් සිතා මල් ගඳ විලවුන
සලා කළේ පූජා මුනි එම දින

8. කකුසඳ කෝණාගමන කසුප් යන
මුනිරදයන්නේ ධාතු පිහිටි තැන
කොතැනද මෙලොවේ මෙතැන මිසක් වෙන
යනු වදහළෙ අප මුනිරජු එම දින

9. දූක්මෙන් මතුවට වන සෙත් සමුදා
සක්විති සත් දම් ලෝනා මුනිදා
එක්ව පැමිණි එ සුමන නා රජිඳා
රක්නට යෙදවී මේ බිම මුලු දා

10. සිව් බුදු කෙනෙකුන්ගෙන් සැලකිලි ලත්
පව් මල සෝදා හරිතත් පොහොසත්

දෙව් බඹ සේනා නමඳින කවදත්
යව් මෙ බිමට තෙපි පුදමින් පුදවත්

දඹදිව ලලාට ධාතු කථා

11. කියන්නෙ මොකටද දෙතුන් වතාවක්
අහන්න සුදනනි! ධාතු කථාවක්

12. ගෞතම බුදු පිරිනිවීම කළ සැටි
කවුරුත් දන්නා කරුණකි හොඳ හැටි

13. අවුරුදු හතළිස් පහක් මුළුල්ලේ
සව් සත හට සෙත් දී එක එල්ලේ

14. මල්ල රජුන්ගේ කුසිනාරාවේ
සල් උයනේ පිරිනිවීම වූවේ

15. සඳුන් දරින් දර සෑය සැදූවේ
බුදුන්ගෙ බඳ එහි නගා තැබූවේ

16. ගිනි ඇවිලීමයි එ ගිනි නිවීමයි
අනිකකුගෙන් නොව වූයෙ ඉබේමයි

17. එහිදී පිනකට මෙන් ලොසතුන්නේ
විහිදී සිටියා ධාතු බුදුන්නේ

18. රජවරු එහි බුදු ධාතු ලබන්නට
මුල් පිරුවෝ අඬ දබර කරන්නට

19. දෝණය නම් දූරු බමුණා එහිදී
පානක සිරියෙන් තතු හෙළිකරදී

20. කන්කළු තෙපුලින් සිත් සනසාලා
දුන්නේ මුනිඳුගෙ ධාතු බෙදාලා

21. එම රජ දරුවෝ ධාතු ලැබීලා
මහපුද කෙරුවෝ තුටින් හෙබීලා

22. කළාට පසු මේ බෙදීම බමුණා
ලලාට ධාතුව මුනිඳුගෙ දිය නා

23. මල් ගඳ විලවුන් ගෙන එහි සිටිනා
මල්ල රජුන්ගේ කොටසට බෙදුනා

24. රැස් වුණු පිරිසෙහි වැඩ සිටි එකලා
කස්සප තෙරනිඳු මේ බව දැකලා

25. මල්ල රජුන් සතු ඒ මුනි ධාතුව
ඉල්ලිය කුළුණින් දක්වා හේතුව

26. පුවත් ඇසූ ඒ ඒ රජ දරුවෝ
මහත් බැතින් තෙරිඳුට පුද කෙරුවෝ

27. ඉන්පසු එ කසුප් මහ තෙරනින්දා
නන්ද මහා තෙරිඳුන් ළඟ කැන්දා

28. පින්වත් මේ ධාතුව මුනිඳුන්නේ
සිංහල දීපේ මතු පිහිටන්නේ

29. සිරිගන අප මුනි සෙත් කළ තෙවරක්
සිරිලක කාවන්තිස් නම් නිරිඳෙක්

30. මහවැලි ගඟබඩ රමණී පියසේ
මහසෑයක් කරවයි මතු දවසේ

31. මේ ලොව පරලොව සැප සදමින්නේ
මේ මුනිධාතුව එහි පිහිටන්නේ

32. එහෙයින් ඔබ මෙය ගෙන පුදමින්නේ
දිවිමෙන් රකුවයි පවරා දුන්නේ

33. ගෙන ගොස් දා හිමි පුරට විසාලා
මුනි වැඩසිටි ගඳකිළියෙ තබාලා

34. දිවමන් මුනි මෙන් පුදමින් එම දා
නිවනට වන් පසු ඒ මහ තෙරිඳා

35. බින්ද කෙලෙස් ගණ අඳුරු රිවි බඳු
චන්දගුත්ත නම් අරහත් තෙරනිඳු

36. ගෙන ගොස් දෙව්රම් ගඳකිළියේ ලා
පණටත් වැඩියෙන් බුහුමන් පාලා

37. ගඳමල් පහනින් දවසට තෙවරක්
පුදමින් දාහිමි රැක්කේ දිවිතෙක්

38. කුමට ද මේ ගැන වැඩිපුර වරුණා
එම අරහත් තෙරිඳුන් පිරිනිවුනා

39. සුද්ද සුර බඹුන් වඳින පුද පුදා
භද්දසේන නම් රහත් තෙරනිඳා

40. මහමුනි දම්සක් දෙසූ ඉසිපතනේ
මහගඳකිළියේ තබමින් බැතිනේ

41. මොහොතක් පමණක පුද නොවලක්කා
දිවි තෙක් මේ මුනි ධාතුව රැක්කා

42. වන් පසු නිවනට ඒ මහ යතිඳා
පින්වත් ජයසෙන් අරහත් සමිඳා

43. පාළු අරින මෙන් සුර නර අතරේ
වේළුවනාරාමේ බුදු මැදුරේ

44. හිඳුවා ගඳ දුම් මල් සහ පහනින්
පිදුවා ඒ හිමි තම දිවි පමණින්

45. අගපත් ඒ හිමි නිවනට වන් පසු
සඟරැකි නම් යුත් තෙරිඳෙක් එහි විසූ

46. කොසැඹෑපුර ඝෝසිත ආරාමේ
වසවා පිදුවේ මුනිඳුගෙ දා මේ

ලක්දිව ලලාට ධාතු කථා

47. මහා රහත් ඒ නිවනට පත් වී
මහාදේව තෙරිඳුට දා අත් වී

48. ලංකාවට ධාතුව පමුණන්නට
දූන් කාලය යැයි දූන නුවණින් සෙට

49. මහදෙව් තෙර ධාතුව ගෙන උස්සා
අහසින් ඇවිදින් ලක්දිව බැස්සා

50. ලක්දිව රුහුණේ ඇතොලු දනව්වේ
රුක් සෙවනේ ළඟ කුක්කුර පව්වේ

51. මහාකාල නම් මිනිහෙක් එහිදී
වහාම ගොස් පිදි ඒ දූක පැහැදී

52. නෙක් පුද ලබමින් සුරන් බඹුන් ගෙන්
රුක් මුල වැඩහුන් ධාතු සමිඳු ගෙන්

53. දක්වා දේදුනු දහසක ලීලා
නික්මුනි සවනක් බුදුරැස් මාලා

54. ඉන්පසු එදෙසේ ගම්වැසි සුදනෝ
පන්සිල් අටසිල් රැක්මේ යෙදුනෝ

55. කුඩා දා ගැබක් බන්දා එහිදා
වඩා හිඳුවමින් පුද කළො එම දා

56. සුරිඳුට සරි සැපතින් සුර පුරෙහී
එවකට රුහුණේ මාගම් පුරෙහී

57. මහානාග නම් මහ රජ්ජුරුවෝ
නහා රුපුන් සව් රජකම් කෙරුවෝ

58. අසාල මෙ පුවත් සතුටින් මත් වී
විසාල සෙනඟක් සමඟ පිටත් වී

59. සිතුමිණි රුවනක් දුක්ක කලක් මෙන්
සතුටින් සතුටට පත් විය දැක්මෙන්

60. වඩාලා බැති ධාතු බුදුන්නේ
වඩා ගෙනැත් විජිතයට තමන්නේ

61. දිව විමනක් මෙන් විසිතුරු පුරවා
නව මහලින් හෙබි මැදුරක් කරවා

62. දිවමන් මුනි මෙන් එහි වැඩ හිඳුවා
දවසක් පාසා පෙරහැර යෙදුවා

63. ඔහුගේ පුත් වන තිස්ස නිරින්දා
රුහුණේ රජවිය ජයකොඩි බන්දා

64. ඔහු ද පියා මෙන් ධාතු පිදිල්ලේ
මුළු දවසම ගෙව්වා එක එල්ලේ

65. ඉන්පසු රජ වූ ගෝඨාභය යන
පින්වත් නිරිඳුන් පෙර තම පිය මෙන

66. දිවි දෙන තරමින් බැති සිත වැඩුවේ
දිවි කෙළවර තෙක් දා හිමි පිදුවේ

67. ඉන්පසු සිරිලක රජසිරි ලැබුවේ
පින්වත් කාවන්තිස් කුමරිඳු වේ

68. ආලකමන්දා රාජදහන් සේ
මේ ලක හෙබවූ එ රජ වහන්සේ

69. මහරහතන් සහ සුරවරයන්නේ
සහය ද පිළිසරණ ද ලබමින්නේ

70. කිරි මුහුදින් නැගි පෙණ බුබුලක් සේ
පිරිසිදු සඳරැස් ගොඩනැගුණක් සේ

71. තුන් ලොව මංගල සිරියෙන් සාදා
බැන්දවි මංගල සෑරද ඒ දා

72. බලා සිටිද්දී දෙව් බඹ සෙන් මිහි
ලලාට ධාතුව නිදන් කළා එහි

73. පිරිවර දෑසි දස් ගම්බිම් පොදුවේ
සිරිමත් ඒ රජ සෑයට පිදුවේ

74. පුරවා තුන් සිත කුසලින් මෙලෙසේ
සුරපුර වැඩියේ එ නිරිඳු සුවසේ

75. මලක් වගේ සුර නර බමරුන් මැද
කලක් ම පැවතුණි මේ මහ සෑ රද

76. ඇතිවන දෙය නැතිවන එක සිරිතී
නොනැසෙන නොදිරන කිසිවක් නොමැතී

77. දිරාගොසින් ගස් වැල් මුල් පැළවී
ගරාගියා සෑ රද වනගත වී

78. රුවනක් මෙන් මහ සමුදුර පල්ලේ
පැවැතුණි මෙලෙසින් කලක් මුළුල්ලේ

79.   එ මේ සෑ රද මෙසේ පවතින අතර
                    ගල් මුල්වලට යට   වී
       සුමේධංකර නමැති නායක තෙරිඳු
                    ඒ දැක සොවින් සෙල   වී
       සුමේරුව දිනු දිරින් නවකම් පිණිස
                    මුළු දිවයින ම යෙද   වී
       නැමේවා හැමදෙනගෙ ගත සිත
                    එ යතිසඳු වෙත බැතින් බර   වී

80   පිහිටුවාගෙන සමාගමකුත්
                    නිවන්නට වැඩ සෑ රඳුන්   ගේ
       නොනැටු අඩිතන් වඩා යෙදවූ
                    සියළු පොහොසත්කම් තමන්   ගේ
       නුදුටු නුපුරුදු සත් ගුණෙක්
                    නැති වීරසිහ අප මුදලිඳුන්   ගේ
       දැම්ටු සිරිනම ලලිත වේවා
                    තුඩක් පාසා ලක් දනන්   ගේ

81.   නිකිණි උත්සව පටන් ගත්
                    කේ. එච්. ප්‍රනාන්දු මහත්මාට   ත්
       එමෙනි ගම්පහ වෙළඳ සමිතියෙ
                    එ ගැන දිරිදුන් පින්වතුන්ට   ත්
       පැමිණි තැන පිළිසරණ වන
                    තිරිකුණාමලයේ බොදු දනන්ට   ත්
       බැතිනි පින් දෙමු පතන්නෙමු අපි
                    නිවන් සැප ඒ කාට කාට   ත්

මහාමේඝ ප්‍රකාශන

www.ingramcontent.com/pod-product-compliance
Lightning Source LLC
Chambersburg PA
CBHW061732020426
42331CB00006B/1204
9789556870411